AMBIENTES DIGITAIS

Denise Bértoli Braga

AMBIENTES DIGITAIS
REFLEXÕES TEÓRICAS E PRÁTICAS

1ª edição
1ª reimpressão

CORTEZ EDITORA

Capa e projeto gráfico: aeroestúdio
Preparação de original: Elisabeth Matar
Revisão: Ana Paula Luccisano
Composição: aeroestúdio
Coordenação editorial: Danilo A. Q. Morales

Dados Internacionais de Catalogação na Publicação (CIP)
(Câmara Brasileira do Livro, SP, Brasil)

Braga, Denise Bértoli
   Ambientes digitais : reflexões teóricas e práticas / Denise Bértoli
Braga. – 1. ed. – São Paulo : Cortez, 2013.

   ISBN 978-85-249-2011-0

   1. Computadores na educação. 2. Escrita. 3. Inovações educacionais. 4.
Leitura. 5. Letramento digital. 6. Linguagem e tecnologia. I. Título.

13-00136   CDD-371.334

Índices para catálogo sistemático:
1. Ambientes digitais de ensino-aprendizagem :
Educação 371.334

Direitos para esta edição
CORTEZ EDITORA
R. Monte Alegre, 1074 – Perdizes
05014-001 – São Paulo – SP
Tel.: (11) 3864-0111 Fax: (11) 3864-4290
E-mail: cortez@cortezeditora.com.br
www.cortezeditora.com.br

Impresso no Brasil – fevereiro de 2017

SUMÁRIO

Apresentação 7
Introdução 13

Parte Um
1 Uma breve reflexão sobre a história da escrita **25**
2 Tecnologia da informação e comunicação
   e novos letramentos **39**
3 Alguns motivos para alento: tecnologia
   a serviço dos professores **46**
   3.1 Professores das diferentes áreas acadêmicas **46**
   3.2 Professores de línguas **49**
4 Um alerta: navegar é preciso **56**
5 Tecnologia e mudanças nos modos de ensinar
   e aprender **58**
   5.1 Da escola para a vida real ou vice-versa **60**
   5.2 Aprendizagem baseada em casos
       e aprendizagem baseada em problemas **64**
   5.3 Práticas de estudo independente **72**

Parte Dois

1 Recursos oferecidos pelas ferramentas
e ambientes digitais **75**

   1.1 Ambientes virtuais de aprendizagem (AVA) **77**

2 Ambientes e ferramentas da internet incorporados
às práticas de ensino **98**

   2.1 Dicionários on-line **101**

   2.2 Tradutores automáticos no ensino
de língua estrangeira **105**

   2.3 Twitter **112**

   2.4 Google Docs **115**

   2.5 Redes sociais **120**

3. Finalizando **125**

   3.1 Bate-papo entre colegas: compartilhando vivências **128**

Considerações Finais 132
Glossário 135
Referências 143
Coleção Trabalhando com... na escola 147

APRESENTAÇÃO

A obra de Denise Bértoli Braga, *Ambientes digitais: reflexões teóricas e práticas*, é o sexto lançamento da *Coleção Trabalhando com... na escola*, e o primeiro volume da Coleção a ser lançado em 2013.

A obra encanta o leitor à primeira vista não só porque trata de um dos mais importantes temas para o contexto de ensino e aprendizagem no século XXI, mas, principalmente, porque discorre sobre esse tema colocando-o no centro do interesse do professor das mais diversas áreas.

Por meio do uso de uma linguagem ao mesmo tempo clara e instigante, a autora, em um primeiro momento, tem a preocupação de contextualizar a emergência e a evolução de Tecnologias de Informação e Comunicação (TICs), dentre elas, a escrita, com o intuito de produzir um efeito de compreensão sobre o papel histórico dessas tecnologias. De acordo com a visão da autora, os computadores e a sua rede, a internet, são poderosas invenções da humanidade, mas, antes deles, houve outras invenções tecnológicas nos campos da comunicação e da informação que causaram enormes impactos e mudanças sobre os sujeitos, sobre suas formas de organização social e capacidades sociocognitivas e sobre as próprias sociedades de cada época.

Sendo assim, o que a autora faz ao longo da primeira parte do livro é chamar a nossa atenção para o fato de que o surgimento da internet não pode ser considerado como "a" revolução tecnológica, mas como uma das etapas na evolução e aprimoramento da comunicação social e das capacidades sociocognitivas humanas. Segundo a autora, o homem sempre inventou ferramentas tecnológicas para o armazenamento de informações e para o incremento da comunicação social, que foram modificando, ao longo do tempo, as estruturas das sociedades humanas.

Considerando esse dado histórico, a autora faz um alerta, já nas primeiras páginas, sobre as mudanças nos modos de ler e de escrever textos propiciadas pela emergência dos meios e ambientes digitais:

> "Apesar de todo esse panorama parecer assustador e novo para alguns professores, ele é, na realidade, uma ampliação e continuação de um processo de mudanças nas práticas de letramento que já é bastante familiar. Ou seja, embora essas alterações tenham sido aceleradas e mais evidenciadas com a popularização da internet, elas não são tão inovadoras como parecem. Elas seguem uma lógica de evolução que, além de antiga, é, até certo ponto, esperada e previsível. Basta retrocedermos um pouco no tempo para entendermos a veracidade dessa afirmação".

Esse posicionamento das práticas de letramento na internet em um contínuo histórico, considerando que essas práticas, na maioria das vezes, englobam e reiteram práticas de letramento anteriores (a remissão hipertextual, por exemplo, já era feita por meio de recursos específicos, tais como as notas de rodapé), funciona como um alento, um alívio mesmo, para os chamados "imigrantes digitais", que não precisam mais ter tanto "pé atrás" com a internet e com a sua variedade de ambientes e linguagens, ao perceberem que estes reverberam outras práticas há muito conhecidas.

Além disso, a autora também reforça a ideia de que os conteúdos presentes na obra servem tanto para os "imigrantes digitais", como para aqueles que se sentem à vontade com o mundo digital e com sua diversidade de linguagens e ambientes, já que, para estes últimos, a obra auxiliaria na construção de uma visão mais geral sobre esse universo e suas possibilidades no campo da educação.

Como dissemos no início desta apresentação, o professor está no centro das discussões sobre como a tecnologia pode estar a serviço do trabalho didático por ele desenvolvido. No curso desta obra, os professores de diferentes áreas acadêmicas e, mais especialmente, os professores de língua materna e estrangeira, irão encontrar um conjunto de reflexões sobre o papel da internet e dos ambientes digitais na elaboração de materiais didáticos e nas diversas maneiras de se desenvolver um trabalho de natureza interdisciplinar que auxilie na formação dos alunos nas diferentes áreas do conhecimento. A esse respeito, a autora afirma:

"Como professores, nossa meta é ampliar as condições de circulação social de nossos alunos, permitindo que eles desenvolvam as habilidades necessárias para a construção de conhecimento e modos de compartilhar informações privilegiadas pela sociedade atual. Nosso trabalho amplia as possibilidades de aceitação e participação do nosso aluno em diferentes tipos de comunidades que dominam e pressupõem o domínio de perspectivas, de determinados conteúdos e de discursos que construímos com nossos alunos. Junto com os "conceitos de área" ensinamos também as formas de comunicação esperadas por essas diferentes comunidades. Isso sustenta a afirmação de que todos os docentes estão diretamente envolvidos na ampliação do repertório de letramento de seus alunos".

Em relação ao ensino de língua (estrangeira ou materna), a autora mostra como a ampliação do uso de tecnologias de informação e de comunicação auxiliou no processo de imersão dos sujeitos em práticas comunicativas significativas. Ainda na primeira parte do livro, a autora convoca o leitor a compreender a complexa realidade social na qual estamos imersos, propiciando uma visão crítica e, ao mesmo tempo, engajada sobre o fato de vivermos em uma sociedade da informação:

> Entender a natureza e as consequências dessas transformações sociais é central para a formação crítica do aluno que já está, direta ou indiretamente, imerso em novas práticas e rotinas sociais. Essa imersão gera mudanças na maneira dos indivíduos pensarem, buscarem e compartilharem conhecimentos, estabelecerem relacionamentos e suas necessidades de momentos de lazer e envolvimento lúdico. Ou seja, o aluno também mudou e hoje ele traz para a escola novos tipos de habilidades leitoras e produtoras que foram desenvolvidas fora do controle escolar.

De forma a exemplificar como os professores podem trabalhar com as novas tecnologias de informação, a autora apresenta exemplos de aprendizagem baseada em estudos de caso e em resolução de problemas, discutindo procedimentos metodológicos voltados para trabalhos coletivos e também para o desenvolvimento da autonomia do aprendiz. Sendo assim, o objetivo da primeira parte da obra foi o de refletir sobre "as razões que justificam o professor preocupar-se com a inclusão dos recursos digitais nas suas práticas escolares", já que, hoje, "as práticas sociais dependem cada vez mais dos recursos de comunicação e trocas de informação oferecidas pelas novas tecnologias".

Na segunda parte do livro, a autora proporciona aos professores das diferentes áreas um descrição comparativa entre dois importantes ambientes virtuais de aprendizagem (AVAs): o TelEduc e o Moodle. A descrição apresentada enfatiza o fato de que esses ambientes podem "oferecer novos canais para a comunicação simultânea ou quase simultânea do professor com sua classe ou com alunos individuais ou mesmo dos alunos entre si". Em um segundo momento, a autora descreve ambientes e ferramentas da internet incorporados às práticas de ensino, como os blogs, os dicionários on-line, os tradutores automáticos, o Twitter, o Google.docs e as redes sociais, mais especialmente o Facebook. Para cada um deles, a autora apresenta projetos gerais de trabalho já desenvolvidos. Mas o mais importante dessa segunda parte é a discussão implementada sobre a necessidade de o professor ter objetivos bem claros quando da proposta de trabalho com esses ambientes e ferramentas na escola.

Na parte final, a autora retoma seus objetivos iniciais e afirma que o livro se pretende um grande "roteiro" ou "guia" para diferentes tipos de professor: para aqueles "que foram apanhados desprevenidos no meio dessa avalanche de mudanças rápidas nos modos de comunicação e na forma de construção da cultura, hoje chamada genericamente de processo de globalização" e para "os internautas mais experientes". Para ambos, a principal mensagem é: aprenda com os erros e encare as mudanças sociais e culturais pelas quais estão passando a sociedade e a escola brasileiras.

Ao concordar com/e reforçar o mote da autora, termino essa apresentação reiterando a minha afirmação inicial: a obra é encantadora. E ela assim o é porque, como diz o poeta, nos convida não apenas a "penetrar surdamente no reino das palavras", mas a penetrar no reino de todas as linguagens, "navegando necessariamente", como nos diz outro poeta, em busca da criação de um ensino mais significativo, de sujeitos e cidadãos mais conscientes, tolerantes e verdadeiramente abertos ao outro, de uma escola mais acolhedora e de uma sociedade mais justa.

Esperamos muito de nossa interação com o mundo digital? Construímos expectativas exageradas sobre o que ele pode nos proporcionar? Acredito que não, porque especialmente nesse mundo, "muito é muito pouco", como nos diz um terceiro poeta da nossa língua portuguesa.

Esta obra nos ajuda a melhor compreender como esse "maravilhoso mundo novo", organizado por meio de tecnologias que mudaram e continuarão mudando a vida em sociedade, já vem contribuindo de forma definitiva para o desenvolvimento de formas conjuntas de fazer conhecer, principal tarefa da escola e de todos os professores.

Anna Christina Bentes
Coordenadora da Coleção *Trabalhando com ... na escola*
Dezembro de 2012

INTRODUÇÃO

A proposta do presente volume é refletir sobre as Tecnologias de Informação e Comunicação (TICs) e os seus possíveis usos, principalmente no ensino médio. O volume enfatizará ambientes mais comumente explorados na internet e sistematicamente ignorados nas propostas de atividades contempladas nos livros didáticos.

Como o foco é o uso da internet para práticas de leitura e produção de enunciados digitais, entendemos que essa questão afeta todos os professores de um modo geral e não apenas aqueles que atuam no ensino de línguas (materna ou estrangeira).

No caso específico do ensino da língua materna, embora a leitura e a escrita sejam habilidades geralmente atribuídas aos professores de Português, concepções mais recentes sobre o letramento[1] indicam que, para interagir de modo socialmente espe-

---

[1] Na área dos estudos da linguagem, o conceito de "alfabetização" foi ressignificado pelo conceito de "letramento". Os estudos na área mostram que não basta o indivíduo conhecer o código da língua escrita para ser "letrado" em todas as áreas do conhecimento e em todos os tipos de textos. Dentro da perspectiva do letramento, precisamos dominar as normas da escrita, mas também as normas de gêneros e discursos que regem as práticas sociais que exploram o uso da comunicação escrita. Não lemos textos literários como lemos textos acadêmicos e a grande maioria da população tem dificuldade de ler textos legais sem a mediação de especialistas. Isso mostra que, mesmo sabendo ler, não somos letrados para "ler" determinados tipos de textos da forma socialmente esperada.

rado com e através de textos escritos acadêmicos, os indivíduos precisam dominar discursos (paradigmas teóricos, conceitos, perspectivas, valores) que delimitam o objeto de estudo, assim como também o método de analisar e teorizar sobre a realidade, sendo ambos, discursos e métodos, particulares a cada uma das diferentes disciplinas acadêmicas. São as normas de discurso que conferem uma relevância diferenciada para determinadas informações, como datas, por exemplo, em textos na área de História, onde são fundamentais para compreendermos as relações de causa e efeito dentro de um determina do processo histórico. No entanto, esse mesmo tipo de informação (datas) é colocado em segundo plano de importância em textos de outras áreas acadêmicas como Geografia, Física ou Química.

Pensado nessa direção, o ensino da produção escrita e da leitura é, de fato, uma tarefa interdisciplinar. O trabalho específico com conceitos que o professor realiza em sala de aula nos diferentes campos de conhecimento é sempre informado (mesmo que não seja explicitado para seus alunos) por um conjunto de pressupostos discursivos. Ou seja, o ensino escolar está diretamente atrelado à transmissão dos discursos das áreas acadêmicas. Além disso, o bom desempenho escolar é diretamente afetado pela aquisição (no nível da leitura e escrita) dos diferentes gêneros acadêmicos.

Nesse campo, a atuação do professor de Língua Portuguesa (ou de línguas em geral) é mais central, já que a aquisição dos gêneros também envolve o domínio de normas linguísticas relativamente padronizadas que são adequadas a contextos de circulação textual específicos. Como definido por Francisco Alves Filho no volume sobre Gêneros Jornalísticos desta coleção, "(...) aprender gêneros pode ser uma forma de fazer escolhas responsáveis e deliberadas entre possibilidades existentes de combinações entre forma, conteúdo e valores expressos" (p. 31).

Embora a literatura nos ofereça a possibilidade de classificações mais abrangentes sobre gêneros que podem facilitar distinções mais gerais, como, por exemplo, a distinção entre gêneros literários, gêneros acadêmicos, gêneros jornalísticos, na prática, essas categorias são bem mais complexas. Focando nos usos textuais que fazem parte do cotidiano escolar não podemos ignorar que o que chamamos de gêneros acadêmicos mudará de uma atividade acadêmica para outra: resumos, resenhas, debates, pesquisa, seminários, atividades avaliativas, sendo que cada uma dessas atividades tem funções e um modo de estruturação socialmente determinados. Isso afeta a forma como construímos e interpretamos textos. Um texto que produziríamos para ser apresentado em um seminário oral será, portanto, claramente distinto de um texto que elaboraríamos sobre o mesmo tema se estivéssemos produzindo um trabalho final de uma disciplina, um relatório de pesquisa, só para mencionar algumas das possíveis variações dos gêneros ditos escolares.

Essas reflexões sobre gênero e discurso (implícitas nas definições de letramento) trazem à tona o fato de que ensinar a ler e escrever é um trabalho conjunto, favorecido, mas não determinado, pelas práticas didáticas nas aulas de língua. Elas apontam também para questões mais concretas relativas ao uso de recursos digitais, já que a apropriação escolar dos ambientes digitais demanda novos tipos de letramentos (letramentos digitais) por parte dos professores e de seus alunos. Nessa direção, as reflexões feitas sobre as diferentes formas de construir e socializar conhecimentos no meio digital e sobre os recursos técnicos que as propiciam podem ser úteis para nortear as atividades práticas de professores do ensino médio de uma forma mais geral, e não apenas as atividades dos professores de Língua Portuguesa.

O desenvolvimento de letramentos digitais através de atividades escolares parece fundamental no momento atual, no qual a internet, cada vez mais, ocupa um espaço social de destaque, seja como fonte de informação e/ou meio para a construção de conhecimentos, seja como espaço para manifestações culturais e interações sociais dos mais variados tipos. Pensando em termos de educação, é importante que a escola esteja atenta para essas mudanças, de modo a poder explorar, de forma eficiente, os recursos que essa tecnologia oferece para a formação e educação crítica dos alunos, considerando as diferenças que caracterizam as condições materiais de trabalho que tipificam a escola brasileira.

Do ponto de vista educacional, a questão que se coloca aqui não é a da "inclusão social", já que essa noção pressupõe a existência de um contínuo social no qual todos os indivíduos que dominam certas formas de saberes letrados são "naturalmente incluídos" em lugares de poder (melhores empregos, melhores salários, mais oportunidades de circulação social). Essa noção de "inclusão social" é politicamente questionável na medida em que mascara as lutas de poder em todos os campos, inclusive nos econômicos. São interesses específicos nas esferas de poder que mantêm uma estrutura de exclusão social e não o domínio ou não de práticas de letramento específicas. Além disso, propor uma "homogeneização social" desrespeita as diferenças culturais existentes na sociedade por determinar a natureza do lugar onde todos serão incluídos (que é geralmente estabelecido a partir de letramentos específicos e dos valores e interesses dos grupos econômica e politicamente dominantes).

Do ponto de vista educacional, o conceito de "participação social" constitui uma alternativa mais flexível e adequada. Esse conceito pressupõe a necessidade de se ampliar o universo referencial dos alunos de modo que, respeitando suas especificidades culturais, eles possam encontrar caminhos para entender a sociedade na qual se inserem e para saber se organizar como indivíduos ou grupos, de modo a intervir e gerar mudanças, reavaliando criticamente os discursos que determinam as condições de vida dos grupos sociais.

A igualdade social plena pode ser uma idealização, já que diferenças sempre existirão. No entanto, diminuir o nível das desigualdades sociais em relação a condições de acesso, escolhas, possibilidades de circulação social e condições materiais de vida é certamente uma necessidade real, uma orientação política que valoriza a noção de comunidade e depende da colaboração de todas as camadas da população. Não podemos estar alheios ao fato que mesmo tendo nossas identidades filiadas a determinados grupos, todos fazemos parte de uma sociedade mais ampla, que é afetada e afeta as possibilidades de ação e escolhas dos indivíduos e dos grupos sociais.

A internet tem sido apontada como um caminho para ampliarmos a participação. Ela é vista como sendo uma mídia mais democrática, já que permite a circulação das vozes dos diferentes grupos sociais. O estudo de Braga (2010) reflete sobre a posição de um jovem líder comunitário que, ao discutir questões relativas à produção de software livre, oferece um exemplo singular de como a internet pode servir aos interesses dos grupos economicamente desfavorecidos. Mas, como toda tecnologia, a internet não é boa ou ruim em si: depende do uso que fazemos dela. De fato, em escala local ou global, por um lado, a internet pode facilitar a participação de indivíduos e grupos diversos nas trocas interativas e no acesso a benefícios hoje oferecidos online, tais como inserção em comunidades de interesse, acesso à informação em geral, inclusive aquelas relacionadas aos direitos do cidadão, consultas de preços on-line que comparam o valor estabelecido por diferentes fornecedores para um mesmo produto, e a um conjunto de outras possibilidades existentes. Por outro lado, ela pode ser um novo instrumento de homogeneização cultural, de alienação dos internautas e também de exclusão social e econômica daqueles que não têm acesso, ou não dominam o uso dessa tecnologia.

A mudança nas formas de organização econômica (a economia global) e nos modos de comunicação e construção de conhecimento (a cultura global) viabilizadas pela mediação das TICs têm sido objeto de preocupação das diretrizes oficiais para a educação formal. Os Parâmetros Curriculares Nacionais (PCNs) explicitamente reconhecem que:

A globalização econômica, ao promover o rompimento de fronteiras, muda a geografia política e provoca, de forma acelerada, a transferência de conhecimentos, tecnologias e informações, além de recolocar as questões da sociabilidade humana em espaços cada vez mais amplos. A revolução tecnológica, por sua vez, cria novas formas de socialização, processos de produção e, até mesmo, novas definições de identidade individual e coletiva.

Considerando essa nova realidade, e todas as suas potencialidades, a orientação oficial para professores do ensino médio tem por meta garantir a todos o desenvolvimento de um conjunto de competências:

> (...) capacidade de abstração, do desenvolvimento do pensamento sistêmico, ao contrário da compreensão parcial e fragmentada dos fenômenos, da criatividade, da curiosidade, da capacidade de pensar múltiplas alternativas para a solução de um problema, ou seja, do desenvolvimento do pensamento divergente, da capacidade de trabalhar em equipe, da disposição para procurar e aceitar críticas, da disposição para o risco, do desenvolvimento do pensamento crítico, do saber comunicar-se, da capacidade de buscar conhecimento.

Tais competências são colocadas como fundamentais para que o Ensino Médio construa novas alternativas de organização curricular, que sejam comprometidas tanto com o novo significado do trabalho no contexto de globalização, quanto com o sujeito ativo, que se apropriará desses conhecimentos para aprimorar seu desempenho no mundo do trabalho e também para ampliar a sua inserção em múltiplas práticas sociais. O discurso oficial torna explícito o fato de que, ao contrário do que ocorria nas sociedades tradicionais, nas quais a organização política produtiva e social garantia um ambiente educacional relativamente estável, a educação do e para o século XXI precisa confrontar a velocidade do progresso científico e tecnológico e da transformação dos processos de produção. Isso torna o conhecimento rapidamente superado, exigindo-se uma atualização contínua.

Ou seja, há no nível das diretrizes oficiais um reconhecimento de que a sociedade mudou, assim como as formas de construção do conhecimento. Nesse contexto, são grandes as responsabilidades e expectativas colocadas para a Educação.

É fato que hoje aumentaram os recursos de que o professor dispõe para ensinar e levar seus alunos à construção do conhecimento. No entanto, é também verdade que tais mudanças trouxeram consigo novos problemas. Embora nem sempre abertamente reconhecido, passar das metas ideais para a prática de sala de aula nunca foi um processo simples e sem conflitos. No atual momento de transição, temos, por um lado, o professor muitas vezes pouco familiarizado com os usos das TICs, interagindo com alunos que já são usuários competentes, dado que convivem com essas tecnologias cotidianamente. Por outro lado, temos os alunos que, embora familiarizados com alguns usos cotidianos das TICs, não sabem explorar de forma crítica esses recursos ou usá-los para a construção de conhecimento academico, norteado por normas de discursos e de gêneros que eles ainda não dominam.

Há também a necessidade de levarmos em consideração que embora o acesso a computadores e a conexão rápida com a internet tenham se popularizado nos últimos anos, esse acesso ainda não se generalizou para uma grande parte da população brasileira. Aumentam o número de lan houses mesmo em comunidades remotas e a implantação de laboratórios de Informática nas escolas. Mas esse acesso é ainda extremamente limitado, se considerarmos a população brasileira como um todo. Em relação às escolas públicas, muitas ainda não têm acesso a laboratórios e para as que têm, não é incomum faltarem condições básicas de infraestrutura para o uso efetivo desses recursos: número de computadores, uma conexão rápida e de qualidade e apoio de um técnico. Esses problemas de condições materiais não podem ser ignorados se quisermos resolvê-los de fato.

Apesar desses limites, é justamente o uso dos laboratórios em atividades docentes, mesmo em condições não adequadas ou ideais, que dá visibilidade a problemas e gera a necessidade de buscar soluções. Melhorias nas condições de ensino não ocorrem sem pressões e reivindicações. Adicionalmente, mesmo reconhecendo que dificuldades existem e mesmo considerando as mudanças que já ocorreram com a telefonia móvel e o número crescente de indivíduos que hoje têm acesso a telefones celulares, muitos deles com possibilidade de acesso à internet, é possível prever que há uma tendência de ampliação do uso das TICs pelos diferentes grupos sociais, mesmo aqueles classificados como economicamente desfavorecidos. As práticas educacionais não podem ficar alheias a essa tendência.

Pensando nessa direção, o presente volume oferece inicialmente reflexões sobre o uso de tecnologias de comunicação nos modos de transmissão de saberes da cultura. É importante entendermos que, mesmo em relação à modalidade escrita não digital, o uso de tecnologia na mediação da comunicação entre indivíduos mudou a sociedade e os modos dos seres humanos transmitirem e adquirirem os saberes culturais, seja entre os membros de uma mesma comunidade ou de comunidades geograficamente separadas, seja entre gerações de indivíduos deslocadas tanto no tempo quanto no espaço.

Não é possível em um único volume aprofundar devidamente um tema tão complexo. Considerando tais limites, optamos por oferecer subsídios básicos que norteiem professores – em serviço ou em formação – a compreenderem a natureza de algumas questões-problema fundamentais na área e a refletirem sobre o conjunto de recursos oferecidos pelos ambientes digitais. Esperamos que esse olhar mais panorâmico permita a construção de novas questões, essas mais voltadas para necessidades locais específicas. A meta proposta é a de que essa orientação inicial seja útil para a realização de estudos mais aprofundados sobre os diferentes temas elencados.

Tendo esse objetivo norteador, a primeira parte deste volume resgata uma breve história das TICs, começando com tecnologias de comunicação mais primitivas, cujos usos e funções nos são familiares, chegando até as tecnologias digitais. Essa reflexão tem por objetivo ilustrar que as mudanças midiáticas que constatamos hoje são fruto de invenções que visam facilitar ou suprir as necessidades geradas pelo desenvolvimento social e econômico; também pretendemos mostrar que houve mudanças nas **relações socioestruturais**, ocorridas em função do surgimento de diferentes tecnologias que visavam ampliar os modos de transmissão do conhecimento. Tais mudanças nos meios de comunicação também alteram as práticas de ensino formal, já que novas práticas sociais geram novas demandas educacionais e revisões nos métodos pedagógicos. Essas questões são discutidas no final da primeira parte deste volume, que discorre sobre algumas perspectivas de ensino apontadas como promissoras para a formação e educação dos alunos que hoje frequentam a instituição escolar.

A segunda parte deste volume apresenta uma descrição mais detalhada dos recursos oferecidos pelos diferentes ambientes da internet. Essa descrição foi avaliada como sendo útil para o professor, já que, muitas vezes, a estrutura hipertextual que caracteriza a publicação no meio digital pode deixar "ocultas" para os usuários algumas das ferramentas oferecidas. Além disso, nem sempre é claro para os internautas/professores menos experientes o uso funcional dos recursos disponíveis na página dos diferentes ambientes digitais.

Para introduzir a tecnologia digital em práticas de ensino, o professor precisa saber que tais recursos existem, definir quais ele precisa e onde e como ele pode procurá-los. Questões de custo e benefício são fundamentais para nortear tais escolhas.

No universo técnico, assim como na vida em geral, nada é perfeito e sem problemas. Daí a necessidade de sabermos ou aprendermos muitas vezes com a prática a fazer as escolhas mais adequadas. Reflexões nessa direção podem oferecer alguns parâmetros úteis para **imigrantes digitais**, cuja chegada é mais recente. Para os que já possuem mais familiaridade com o uso dessas tecnologias, esperamos que tais discussões gerem curiosidade ou sejam um desafio que motive a construção de propostas de ensino alternativas, mais criativas e potencialmente mais produtivas. Buscando incentivar a socialização dessas iniciativas de ensino bem sucedidas e também oferecer um espaço para a comunicação entre professores preocupados com mudanças das práticas de sala de aula, foi criado pela autora um site, relacionado a esse volume, que está aberto para a contribuição de educadores que atuam em diferentes segmentos de ensino: http://ambientes digitais.iel.unicamp.br.

O material incluído neste <u>meio escrito</u>, que fala sobre o <u>meio digital</u>, é certamente só um início de reflexão. Mas sendo práticos, frente a tantas mudanças ocorridas em uma velocidade espantosa, é certamente preciso começar de algum lugar. Mudanças trazem consigo um conjunto de dilemas pessoais, institucionais e também demandas de novas condições materiais. É produtivo e confortante, nesse contexto, levar em consideração as colocações feitas por Zygmunt Bauman em seu livro *Comunidade*:

> Não seremos humanos sem segurança e sem liberdade; mas não podemos ter as duas ao mesmo tempo e ambas na quantidade que quisermos. Isso não é razão para que deixemos de tentar. Mas serve para lembrar que nunca devemos acreditar que qualquer das sucessivas soluções transitórias não mereceria mais ponderação nem se beneficiaria de alguma outra correção. *O melhor pode ser inimigo do bom, mas o "perfeito" é um inimigo mortal dos dois* (Bauman, 2001, p.11, grifo nosso)

PARTE UM

O PROFESSOR FRENTE AOS NOVOS RECURSOS DE ENSINO

The ebook (and notebook) is on the tablet

1. UMA BREVE REFLEXÃO SOBRE A HISTÓRIA DA ESCRITA

É fato que a construção das culturas e a consequente comple-xificação das organizações sociais foi possível porque o ser huma-no tem a capacidade de criar ferramentas e linguagens. A noção da dialética marxista explica que o uso de ferramentas permitiu ao homem mudar a natureza e mudando a natureza ele alterou seu modo de viver e com isso reestruturou a sua forma de organização social. Retomando o conceito de linguagem, Vygotsky sugere que esta é uma ferramenta cognitiva que permite não só a constru-ção da cultura como também molda a mente humana segundo os parâmetros da cultura na qual os indivíduos estão inseridos. Mais especificamente, a linguagem permitiu que os membros de um grupo social compartilhassem suas experiências pessoais tor-nando seus conhecimentos coletivos e também propiciou a pas-sagem desses conhecimentos de uma geração para outra, ou de um grupo social para outros. Esses vieses culturais são marcados na linguagem, consequentemente na forma como as diferentes culturas interpretam a realidade do mundo natural e social.

No início e na sua forma mais natural, a linguagem foi cons-truída explorando os recursos do corpo como meio de expressão e recepção de informações: aparelho fonador (com suas diferentes possibilidades de produção de sons)[1]; capacidade auditiva; gestos corporais e expressões faciais[2]. As convenções linguísticas surgiram quando determinados sons e movimentos do corpo ganharam sentidos em certos contextos de práticas sociais específicas e passaram a serem usados coletivamente de forma convencional (parte do repertório de conhecimento prévio compartilhado pelo grupo social). Ou seja, esses movimentos e sons passam a serem usados como signos linguísticos, permitindo a comunicação entre os indivíduos dos agrupamentos humanos. Assim, as emissões linguísticas passaram a ter sentido mesmo quando abordavam temas fora do contexto imediato onde estavam o falante e o ouvinte (tornaram-se cada vez mais abstratas) e também passaram a ser exploradas para expressar sentimentos e pensamentos diversos. Isso certamente diferencia a complexidade da linguagem humana daquelas usadas na comunicação entre animais.

À medida que tais agrupamentos foram se tornando mais complexos surgiram novas necessidades comunicativas e também a demanda de alternativas mais permanentes que a memória humana para "garantir" o registro e a transmissão da cultura de uma geração para a outra. Isso ocorreu também porque o uso de ferramentas com diferentes funções práticas foi aos poucos ampliando o universo cultural e tornando mais complexos os agrupamentos humanos. Comunidades que viviam da coleta e da caça passaram a viver como agricultores. A espera da colheita mudou os modos de vida nômade: surgiram assentamentos mais permanentes que deram origem às aldeias, vilas e centros urbanos com atividades produtivas variadas. Essas mudanças geraram uma ampliação significativa dos acervos culturais dos diferentes grupos. Isso dificul-

---

1 Isso é explorado nas convenções fonética e prosódicas adotadas pelas diferentes línguas.
2 Nesses estágios primitivos os modos de comunicação se assemelham aos utilizados por animais que vivem em bandos. Eles também exploram os recursos do corpo para comunicação em geral ligadas a questões de sobrevivência, ou à determinação de hierarquia dentro do grupo.

tou ou mesmo inviabilizou que o registro e reprodução da cultura pudessem ser feitos contando apenas com os recursos biológicos limitados da memória humana. Foi então necessário criarem-se também ferramentas e meios que garantissem a preservação das informações consideradas essenciais para a comunidade. Esses registros externos foram explorados, de forma mais restrita, mesmo por comunidades humanas muito primitivas. Os desenhos nas paredes das cavernas, por exemplo, já eram usados muitas vezes como uma forma de registro de questões míticas e ritualísticas da comunidade e refletiam preocupações diretas com a sobrevivência do grupo, como a colheita e a caça.

Fonte: <http://turmadoamanha.files.wordpress.com/2011/06/pintura-rupestre-5.jpg>

Mas as paredes das cavernas eram fixas. Ampliando-se o volume de conteúdos e a necessidade de registro de informações foi necessário criarem-se suportes móveis e recursos que facilitassem a gravação nesses suportes (tintas, pincéis, estiletes, entre outros). Surgem assim meios de registro passíveis de serem transportados como as placas de pedra, madeira e argila. Paralelamente a essas mudanças podemos conjeturar que a necessidade de conceitos abstratos e uma maior precisão nas trocas comunicativas fizeram com que os desenhos (pictogramas) fossem gradativamente sendo alterados, evoluindo para representações simbólicas com sentidos convencionais (ideogramas). Nos ideogramas os desenhos representam sentidos e não são vinculados diretamente à língua falada. Assim, um mesmo ideograma pode ser lido e compreendido por falantes de diferentes línguas. A combinação entre eles também tem sentidos convencionais. Assim um ideograma indica o sentido de "árvore", dois juntos "bosque" e três juntos "floresta".

Fonte: <http://www.reidoadesivo.com.br/ideograma-chines-kanji/adesivo-floral-com-borboleta-modelo-f421-varias-cores-e-tamanhos-25.html>

Outras comunidades optaram por achar outros caminhos para representar visualmente os sons da língua oral, por meio de letras ou sílabas. Isso leva à diminuição significativa do número de caracteres que precisa ser memorizado para decodificar o registro escrito, e o leitor precisa conhecer a língua de quem produziu o texto. Em alguns alfabetos, como o da escrita fenícia, há dados que nos permitem compreender uma das relações estabelecidas entre desenhos e letras. No exemplo a seguir, a palavra *boi* (*alp*) foi inicialmente representada em um *pictograma* e esse desenho depois sofreu simplificações para representar o som inicial dessa palavra. Esse tipo de associação é semelhante àquela que fazemos hoje quando dizemos às crianças: "é o **B** de **bola**":

Forma Ancestral Reconstruída	
Fenício	
Possível Acrofonia	'alp boi

Fonte: <http://pt.wikipedia.org/wiki/Hist%C3%B3ria_do_alfabeto>

Além das invenções relativas às representações visuais com sentidos convencionais dentro de comunidades específicas, ao longo da história os escribas e leitores foram sentindo necessidade de melhorar a própria tecnologia de suporte textual. É possível imaginar que as placas, embora tivessem a vantagem de poderem ser transportadas de um lugar para outro, exigiam muito dos escribas no processo de registro, limitavam o volume de informação que podia ser registrado e eram difíceis de serem guardadas e consultadas. Como sempre, a necessidade acaba sendo a mãe das invenções. A tecnologia do pergaminho e do papiro que deram origem ao *rolo* resolveram grande parte desses problemas.

Fonte: <http://imgc.allpostersimages.com/images/P-473-488-90/40/4013/XHXWF00Z/posters/facsimile-of-a-13th-century-roll-of-parchment-used-by-medieval-monks.jpg>

No entanto, embora o uso do rolo como tecnologia de suporte textual fosse superior às outras opções historicamente exploradas, a leitura e localização de informações nos rolos ainda era problemática: o leitor precisava desenrolar um lado da tira escrita enquanto enrolava o outro de forma a percorrer o texto. Assim, em algum momento da história, alguma mente prática e criativa teve a ideia de segmentar o rolo em pedaços, costurar sequencialmente esses segmentos criando cadernos, que eram agrupados e protegidos com uma capa de couro: surge o códex medieval que foi o precursor do formato do livro como conhecemos hoje[3].

Fonte: <http://2.bp.blogspot.com/_rmZTXevRIP4/R3KDflPlkcI/AAAAAAAAAFA/ZfNCue1l7lA/s320/codex%2Bgigas.jpg>

Essa nova tecnologia de suporte facilitou muito a consulta e as práticas de estudo: o leitor podia percorrer mais facilmente o texto virando as páginas e tinha as mãos livres para fazer anotações no próprio texto ou sobre o texto enquanto lia. Paralelamente a essas mudanças, as próprias convenções de escrita foram sendo revistas. Inicialmente o texto escrito era uma reprodução limitada e imperfeita da linguagem oral. Limitada porque um conjunto de recursos sonoros que exploramos na entonação não podia ser registrado com todas as suas sutilezas nas formas visuais de registro da linguagem. Havia também a ausência do contexto imediato que confere sentido aos dêiticos (como *isso, aquele, aqui*, entre *outros*) e dos recursos gestuais, ambos constitutivos dos sentidos

---

3 Para ampliar a leitura sobre essas questões ver a obra *A aventura do livro*, de Roger Chartier, 1997.

nas situações de comunicação face a face. Apesar desses limites, a escrita inicial registrava a sequência de sons (*aspalavraseramto-dasescritasemendadas*) que precisavam ser lidos em voz alta para que o leitor e seus ouvintes construíssem um sentido para o texto lido. É claro que as limitações dessa transposição da modalidade oral para a escrita favoreciam a construção de enunciados ambíguos, com efeitos diretos na interação estabelecida entre o autor e seus potenciais leitores.

Assim, gradativamente, ou mesmo "acidentalmente", alguns caminhos foram sendo encontrados pelos indivíduos, e foram adotados de forma mais sistemática e convencional, já que provavam ser formas eficientes de contornar a ausência de alguns recursos expressivos da oralidade em um meio visual. Isso desencadeou um processo que, ao longo dos anos, foi cada vez mais particularizando e diferenciando a modalidade escrita da oral.

Ilustrando essa questão, as escritas medievais (um segmento relativamente recente dessa história) mostram que os recursos visuais e espaciais ainda eram timidamente explorados. Em alguns textos, o ponto era um sinal gráfico que marcava mudanças tópicas. Esse tipo de organização na escrita ocidental evoluiu para a marcação visual dos parágrafos, que passaram a salientar segmentos temáticos no texto. Essa marcação na escrita explorou de forma funcional o espaço em branco da página: quebra de linha anterior, pequeno espaço antes do início da primeira sentença do parágrafo ou, mais recentemente, o espaço de uma linha em branco.

Discutindo a história do texto[4], Ivan Illich afirma que a separação das palavras surge no passado como uma estratégia didática: ensinar Latim (língua oficial da Igreja) para padres escoceses. Professores de língua estrangeira sabem que essa é uma das gran-

---

4 Para uma reflexão mais detalhada sobre a história do texto, ver Ivan Illich: "Um apelo à pesquisa em cultura escrita leiga", in: D. Olson e N. Torrance (orgs.) *Cultura escrita e oralidade*. São Paulo: Ática, 1995.

des barreiras colocadas para a compreensão de enunciados orais. Na fala, dada a velocidade na qual as informações são emitidas, as palavras são aglutinadas e fica difícil identificarmos as unidades lexicais que compõem essas sequências sonoras. Usando um exemplo da língua inglesa: o aprendiz pode conhecer as palavras *wine* (vinho) e *bar*, mas ao ouvir *winebar*, pode não identificar que são duas palavras que já conhece. Ou seja, ele pode não interpretar adequadamente o sentido do enunciado por achar que *winebar* é uma palavra só, e que essa palavra ainda não faz parte de seu conhecimento lexical de Inglês.

Na realidade, a própria noção de "palavra" isolada de contexto, assim como outras noções triviais para culturas letradas como "limite de sentença", "parágrafo", "seções de texto", "títulos", surgem como decorrência do processo de "visualização" da linguagem verbal na modalidade escrita. Historicamente, essas mudanças foram gradativamente alterando o texto e a forma como interagimos com a informação escrita. Segundo Illich, a separação das palavras permitiu a leitura silenciosa: *aspessoasnãoprecisavammaisvocalizarassílabasparaidentificarpalavras*. Na Idade Média, as consequências foram mais salientes. A separação das palavras favoreceu práticas de leitura silenciosa e isso gerou uma explosão da literatura proibida. Havendo menos exposição do leitor durante a leitura, aumentou a circulação de textos profanos e pornográficos. A separação visual das unidades lexicais permitiu que a leitura fosse guiada pela imagem da palavra e não mais pelo seu som. Isso teve um efeito de acelerar o processo de leitura. Leitores proficientes reconhecem o "desenho global" da palavra no papel, sem se deter à percepção das suas sílabas constituintes. Isso tem efeitos na compreensão de enunciados muito longos, já que não sobrecarrega tanto a **memória imediata** do leitor.

Embora hoje um conjunto de normas da escrita esteja "naturalizado" para pessoas letradas, a produção de crianças em fase de aquisição nos faz lembrar que há diferenças marcantes entre as normas da fala e da escrita como o exemplo[5] que segue:

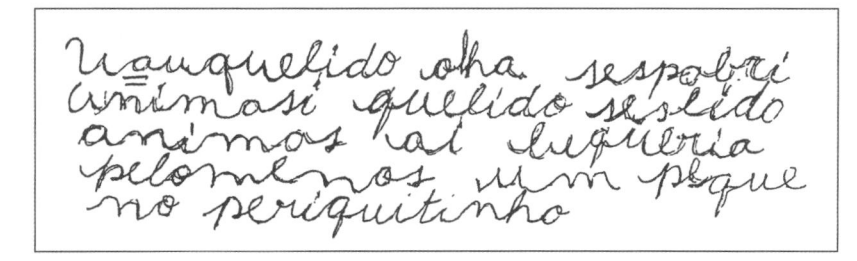

A escrita dessa criança ilustra como a separação de palavras pode não ser tão simples para grupos menos letrados. Ela revela também uma diferença importante entre fala e escrita. A melodia na fala marca os constituintes da oração, uma informação gramatical que não é representada na escrita. A separação feita pelo produtor desse texto marca os lugares onde, na fala, ele faria uma pequena pausa. Indo em outra direção, as convenções que regem o texto escrito deixam salientes os limites entre palavras e entre constituintes mais amplos de sentido, como orações, sentenças, parágrafos. Isso é feito através do uso de marcas de pontuação, de letras maiúsculas e do espaço em branco.

Entender tais diferenças pode nos ajudar a entender alguns problemas decorrentes nas produções das crianças. Um deles é certamente o problema do sujeito e do verbo serem separados por vírgula. Como muitas crianças aprendem que a vírgula deve ser colocada quando fazem pausa na sentença ("quando param para respirar"), elas acabam colocando a vírgula depois de sujeitos compostos, pois, na fala, elas naturalmente fariam essa pausa antes do verbo. Um outro exemplo de diferenças linguísticas que muitas

5 Edição do texto: *Uau que lindo! Olha esses pobres animais. Que lindos, esses lindos animais! Ai eu queria pelo menos um pequeno periquitinho.* O dado apresentado faz parte do acervo de redações escolares do projeto *Aquisição da Escrita* do IEL/ Unicamp. Agradeço à professora doutora Raquel Saleck Fiad, que viabilizou o acesso a esse dado e autorizou a sua publicação.

vezes passam despercebidas, mesmo para professores de Português, pode ser ilustrado no enunciado que segue. O tema da redação de onde foi retirada essa sentença era "O papel da mulher na sociedade". O texto do aprendiz iniciava com a seguinte sentença:

> O papel da mulher na sociedade é importante, porque na cabeça de alguns homens ela só serve para lavar e cozinhar.

Lendo, essa sentença parece incoerente: o fato de alguns homens atribuírem papéis tradicionais (lavar e cozinhar), bastante questionado nos discursos feministas, não é um argumento para se considerar o papel da mulher na sociedade como sendo de real importância. O conflito comunicativo ocorre porque na escrita a conjunção "porque" é usada para marcar relações causais. Na oralidade, no entanto, dependendo da entonação adotada, o sentido pode ser outro. Se lermos essa sentença atribuindo um tom ascendente ao trecho "porque <u>na cabeça de alguns homens</u>" e descendente em "ela **só serve para lavar e cozinhar**", é fácil entender que o aluno está buscando <u>explicar</u> a razão de sua afirmação inicial. Segue a representação dessa forma de ler o trecho:

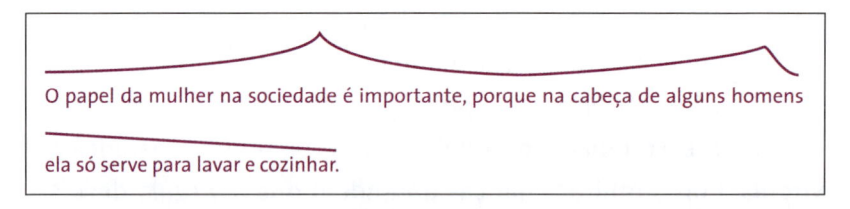

Com a ausência de recursos de entonação (prosódia) para esse sentido ser mantido na escrita seria necessária a escolha de outra organização linguística, como por exemplo:

> O papel da mulher na sociedade é importante é importante, porque na cabeça de alguns homens ela só serve para lavar e cozinhar.

> ou

> Na cabeça de alguns homens a mulher só serve para lavar e cozinhar, mas o papel da mulher na sociedade é importante.

Essas reflexões sobre o contraponto entre língua oral e língua escrita servem para salientar duas questões: a possibilidade de uso de recursos externos ao corpo para registro da linguagem demanda alterações na natureza linguística do texto. Cada meio oferece um potencial de novos recursos que podem ser convencionalmente explorados em práticas comunicativas e também um conjunto de limites em relação a outros meios já explorados para a comunicação na sociedade. Por exemplo, as habilidades demandadas para a escrita na pedra, na argila ou no papiro não eram necessariamente iguais.

A busca por adequar a linguagem às novas formas de mediação explica muito sobre as alterações que identificamos na natureza do texto ao longo da história. No caso da escrita, como já mencionado, temos, dentre outras mudanças: a inclusão convencional dos sinais gráficos da pontuação, a criação de uma variedade de tipos e tamanhos de letra, o uso criativo do espaço em branco, além de novos arranjos lexicais e sintáticos de modo a contornar possíveis conflitos na comunicação. A busca por maior clareza ou reforço de determinados sentidos talvez explique também a inclusão de gravuras, iluminuras, que passaram a compor o sentido do texto verbal, além de imagens fotográficas, em preto e branco e também coloridas. Com os recursos digitais, essa hibridização de linguagens (mescla de textos verbais com diferentes tipos de linguagens visuais e arquivos sonoros) ganhou uma nova dimensão.

Além da linguagem em si, o tipo de meio também altera a prática social: a prática da leitura como lazer precisou tanto da evolução da tecnologia de suporte, que tornou os livros transportáveis (do códex ao livro de bolso), quanto da diminuição de custo de reprodução trazida pela imprensa. Na época medieval, a produção dos livros era tão difícil e cara que eles costumavam ser guardados na sacristia, junto com os demais tesouros do convento, e eram trazidos a público apenas em ocasiões de festas. Era de se esperar que, sendo um produto tão valioso, a produção, reprodução e leitura de material escrito fosse privilégio de um número pequeno de indivíduos e que favorecesse usos menos lúdicos ou cotidianos. Os custos envolvidos e a natureza do meio sempre tiveram um impacto direto nas práticas de letramento. Estudos mostram, por exemplo, que a *Odisseia* de Homero, que conhecemos através do seu registro escrito, era na verdade um conjunto de versos transmitidos e mantidos originalmente de forma oral. Em algum momento da história, essa tradição oral foi transcrita. Tal registro, dado o seu volume, seria muito difícil ou talvez até inviável de ser realizado se a tecnologia de suporte textual não tivesse evoluído para além das placas de pedra ou argila.

Com o passar do tempo, a escrita passou a ocupar um lugar de maior prestígio dado seu uso cada vez mais presente nos registros institucionais e oficiais. Paralelamente a esse movimento, o prestígio social aliado ao fato de haver formas mais ágeis e de baixo custo para a reprodução textual, fizeram com que a escrita fosse não só apropriada, como também demandada nas práticas educacionais. Embora hoje a escrita faça parte do modo como adquirimos conhecimentos acadêmicos, nem sempre ela foi entendida como um meio que favorece práticas de estudo. Sabemos, por exemplo, que Sócrates criticou veementemente o uso da escrita como instrumento de educação. Por ironia, é justamente o registro escrito feito por Platão de

> **Fedro:** Tens razão de me dares reguadas, mas já aceito que é inteiramente verdade o que disse sobre a palavra escrita o homem de Thebas.
> **Sócrates:** Concluindo – aquele que imagina ter deixado nos caracteres escritos aos vindouros um conhecimento técnico e aquele que por sua vez o recebe na convicção de que esses caracteres promovem a certeza e a solidez, um e outro manifestam assim uma grande ingenuidade e mostram-se incapazes de compreender a predição de Ammon. Pois não imaginam que um manuscrito é muito mais do que aquilo que realmente é: um meio, para aquele que sabe, de recordar as matérias que versa o escrito?
> **Fedro:** Nada mais certo.
> **Sócrates:** O que há de assustador, penso eu, na palavra escrita é que se pareça tanto com a pintura. Na verdade, os seres que esta dá à luz têm o aspecto de seres vivos; todavia, se lhes fizermos qualquer pergunta, cheios de dignidade não responderão! O mesmo acontece com os escritos: julga-se que o pensamento anima o que eles dizem; interrogue-se, porém, um deles com a finalidade de nos elucidarmos sobre o que afirma, sempre responderão uma só coisa, a mesma sempre! Além disso, uma vez definitivamente composto, segue um livro a sua viagem sem saber se cairá nas mãos dos sábios ou dos ignorantes e, já na partida, não sabe a quem destina. Se alguém discordar do que diz, refutando-o injustamente, para se defender, precisa sempre da ajuda do pai que o gerou: por si só é mudo, fraco e indefeso. (Platão, *Fedro*, 247c-247e.)

seu diálogo com Fedro[6], que nos permite hoje ter acesso ao seu pensamento.

Regredindo no tempo, podemos entender a razão das críticas socráticas. Na sua época não havia os avanços de tecnologia de suporte e nem as convenções de adaptações de linguagem ao meio com que contamos na atualidade. Não existiam ainda "gêneros escritos", já que a escrita era um meio de registro da fala com todos os limites já apontados. Além disso, a cultura de ensinar do filósofo era centrada em um processo de perguntas e respostas que demandava interações face a face. Não podemos ignorar também que, nesse momento histórico na Grécia antiga, os conhecimentos culturais (mesmo os de natureza mais erudita) eram transmitidos de forma oral. A forma poética era privilegiada para passar conhecimentos mesmo os de natureza acadêmica, já que o ritmo, as rimas e **estruturas formulaicas** ajudavam os aprendizes a memorizarem enunciados bastante longos e complexos.

Sócrates, portanto, se posicionava dentro de um contexto histórico no qual a cultura de ensinar e aprender (incorporada aos "métodos de ensino"), assim como a tecnologia da escrita, eram diferentes daquelas que conhecemos na atualidade. Mas as sociedades mudaram. Atualmente, nenhum professor pensaria na possibilidade de ensino sem usar a mediação da escrita (por meio dos textos de apoio, da lousa durante as explicações orais, das tarefas dadas aos alunos, só para citar alguns exemplos do cotidiano escolar). As ações pedagógicas contemporâneas, na realidade, exploram de forma híbrida as modalidades oral e escrita (**hibridização de modalidades**). Refletir um pouco sobre o processo histórico que gerou as práticas de letramento tradicionais pode nos ajudar a entender com mais clareza alguns problemas bastante atuais.

---

6 Trecho retirado de GNERRE (1987), pp. 34-36.

Retomando a analogia proposta, é fato que Sócrates, um dos pensadores que é referência da tradição clássica da cultura ocidental, possivelmente teria dificuldade de ser contratado para ensinar Filosofia nas universidades de hoje. Seu método, exemplar para a sua época, não se adequaria às necessidades e natureza da sociedade atual. Talvez ele tivesse dificuldade também para interagir com os textos que hoje circulam, mesmo se eles fossem transcritos na língua grega clássica que ele dominava: as convenções de escrita e a forma composicional dos textos também sofreram alterações significativas ao longo da história[7].

Talvez esses conflitos, consideradas as devidas proporções, sejam parecidos com os enfrentados hoje por educadores que vêm de uma outra tradição de escolarização (fortemente orientada pela escrita verbal e modos de ensino centrados no professor) e que precisam se inserir em uma realidade que é nova. Pensando nos avanços rápidos das práticas letradas digitais, mesmo que sejamos saudosistas, não podemos ignorar que só o domínio do registro escrito verbal não é mais suficiente para viabilizar uma participação social mais ampla em práticas letradas. Isso aponta para a necessidade de a escola abrir-se para novas práticas de leitura e produção textual e passar a explorar novos modos de construção do conhecimento. Métodos e estratégias pedagógicas, conteúdos programáticos, habilidades leitoras e produtoras que foram eficientes para as gerações anteriores podem não mais atender às necessidades dos alunos que hoje frequentam nossas salas de aula, nem serem as formas mais eficientes para ampliar o seu potencial de circulação social, seja em práticas cotidianas ou institucionais.

---

7 Vindo de uma tradição cultural centrada na oralidade, ele também não teria os certificados escritos necessários para preencher currículos como o da plataforma Lattes, fato esse que certamente impediria sua candidatura a concursos de ingresso nas universidades brasileiras.

2. TECNOLOGIA DA INFORMAÇÃO E COMUNICAÇÃO E NOVOS LETRAMENTOS

Na atualidade é um fato que, pelo menos no contexto dos centros urbanos, a sociedade, os meios de comunicação e a natureza linguística dos enunciados mudaram. A Revolução Industrial, centrada em máquinas, teve um grande impacto nos modos de produção e nas relações econômicas e socioestruturais mais amplas. Houve uma alteração significativa no processo de urbanização e na natureza do mercado de trabalho. Tais mudanças sociais criaram as condições estruturais (as estruturas sociais) necessárias para o surgimento da *Sociedade da Informação*. Nesse contexto histórico específico, o domínio da *informação* passa a ser o principal "capital de troca" que permite o acesso a determinadas posições na esfera do poder controlada pelos grupos hegemônicos. Isso explica o grande investimento feito no desenvolvimento das Tecnologias de Informação e Comunicação: rede de computadores, banda larga, telefonia móvel, datashow, ipads, entre outros.

Acompanhando esse conjunto de avanços, linguagens desenvolvidas para uso em meios analógicos (película fílmica, fita cassete entre outros) ou impressos migraram para meios digitais, o que permitiu a integração e a hibridização dessas linguagens. Como consequência prática, passam a circular, em números cada vez maiores, novos tipos de gêneros e composição textuais: novas práticas comunicativas. A ampliação dos recursos disponíveis para divulgação e trocas de informações, por sua vez, propiciou novas formas de construção e socialização do conhecimento: os *novos letramentos*.

A criação de redes sem fio (*wireless*) teve como impacto ampliar a circulação dessas novas práticas letradas, já que flexibilizou as formas e facilidades de acesso. Novos tipos de máquinas (smartphones, notebooks, netbooks e ipads), que o usuário pode levar consigo para os diferentes lugares nos quais circula, tornaram ainda mais imprecisas e difusas as barreiras de tempo e espaço. Como era de se esperar, isso traz alterações para as práticas sociais: aeroportos, salas de espera, saguão de edifícios e os mais diferentes lugares viram "escritórios", lugares para estudo e pesquisa, espaços para interações a distância tanto aquelas de natureza meramente social, como aquelas relacionadas a questões de trabalho. À medida que tais práticas se ampliam, o uso da internet, como já ocorreu com o da escrita e o da telefonia móvel, passa a ser uma <u>demanda</u> social e não uma mera "opção" colocada para os indivíduos. Isso na realidade já ocorreu com o uso da escrita. Há muito tempo temos clareza do estigma social que sofre a população analfabeta e as barreiras que enfrentam para ocupar ou participar de certos lugares sociais. Antes, quando o acesso a textos escritos era limitado, esse estigma não existia. Mesmo pessoas que tinham poder econômico recorriam a escribas para realizar tarefas que envolviam a escrita. O escriba era apenas um empregado que prestava serviço aos grupos que detinham o poder.

Em relação às TICs, hoje sabemos que as pessoas que não têm ou não usam celulares, também sofrem pressões sociais. Como o uso desse tipo de aparelho foi popularizado, a comunicação via telefonia móvel passou a ser explorada como uma facilidade que agiliza a definição de programas conjuntos, rearranjo de encontros ou resolução de problemas em geral. Assim, aqueles que não podem ser "facilmente encontrados" inviabilizam certas negociações e arranjos sociais e acabam sendo criticados por isso. O uso da internet segue um caminho semelhante na medida em que também se amplia seu uso em diferentes práticas sociais. Nossa vida já é direta ou indiretamente afetada por esse tipo de tecnologia. As declarações de imposto de renda, hoje feitas obrigatoriamente no formato digital, comprovam esse fato. As transações comerciais na internet, por serem realizadas sem sair de casa e terem um custo mais baixo, ilustram como os "analfabytes" acabam sendo "forçados" a aprender como usar essas tecnologias de modo a evitar diferentes tipos de prejuízo (dificuldade de acesso a editais de concurso e ofertas de emprego ou custo mais elevado na compra de serviços, por exemplo).

No entanto, não podemos ignorar que a interação com as máquinas digitais demanda muito mais que aprender a gerenciar as operações de comandos (isso, por si só, um pesadelo inicialmente enfrentado pelos imigrantes digitais). Há também mudanças significativas nos modos de ler e produzir textos. Em meios digitais, estamos todos imersos em enunciados **multissemióticos** e hipertextuais. Nas páginas digitais da internet a leitura é multimodal e demanda escolhas de percursos e o acesso a conteúdos é realizado em rede, acessando links que remetem a outras páginas e a outros links.

Apesar de todo esse panorama parecer assustador e novo para alguns professores, ele é, na realidade, uma ampliação e continuação de um processo de mudanças nas práticas de letramento que já é bastante familiar. Ou seja, embora essas alterações tenham sido aceleradas e mais evidenciadas com a popularização da internet, elas não são tão inovadoras como parecem. Elas seguem uma lógica de evolução que, além de antiga é, até certo ponto, esperada e previsível. Basta retrocedermos um pouco no tempo para entendermos a veracidade dessa afirmação. Seria muito extenso refletirmos sobre as mudanças tecnológicas na ordem em que foram realmente implementadas, já que houve influências mútuas ao longo da história, uma tecnologia inspirando ou informando a criação das outras. Assim, optamos por apresentar uma breve síntese desse processo enfocando as tecnologias mais populares e separando-as em três grupos: (i) aquelas que não permitem uma intervenção direta na construção do texto (como os registros escritos), (ii) aquelas que permitem uma interação entre pessoa-pessoa e (iii) aquelas que permitem uma interação da pessoa com o programa (no caso de programas interativos, como os jogos digitais, ou as páginas da internet com links que permitem escolhas de navegação).

Revendo de forma breve o percurso histórico da evolução das tecnologias de comunicação, uma vez consolidada a escrita como uma forma de registro de textos orais, gradativamente outros modos de expressão foram sendo agregados a ela. As iluminuras nos textos medievais, a título de exemplo, eram mais que meras decorações. Elas compunham o sentido do texto verbal norteando, de diferentes modos, as possíveis direções interpretativas. Na ilustração que segue, vemos a iluminura integrada à letra "S" faz uma referência direta à noção cristã (veiculada por textos orais e escritos na época) do *Espírito Santo de Deus*, tópico desenvolvido nessa secção do livro.

Fonte: <http://1.bp.blogspot.com/_PlPyXGL3p5U/TNGuOIQBChI/AAAAAAAAAtl/8ZKyiWkoCHU/s1600/Missal%2520Antigo%2520do%2520Mosteiro%2520de%2520Lorvao%2520S%2520capiturar%2520b.jpg>

A criação da imprensa permitiu que a escrita fosse reproduzida de forma mecânica e a dificuldade de criação de matrizes gráficas para a impressão de imagens restringiu, mas não excluiu, o uso das gravuras. Expandindo as possibilidades da comunicação visual, a máquina fotográfica e o filme de celuloide permitiram "congelar" no tempo a imagem externa, passando a exercer uma função que antes era desempenhada pela pintura. Os discos de vinil e depois as fitas cassetes viabilizaram a captura de sons. A apresentação sequencial de imagens propiciou a noção de movimento explorada pela linguagem fílmica. Inicialmente utilizada na construção de narrativas visuais em preto e branco (cinema mudo), essa forma de expressão, posteriormente, passou a integrar som e cores. A tecnologia 3D representa possivelmente a próxima direção de mudança da linguagem fílmica. Seguindo essa linha de avanços a tecnologia do rádio viabilizou a possibilidade de comunicação simultânea com uma audiência ampla, que depois foi explorada também pela televisão, essa integrando a imagem ao som e também evoluindo da versão preto e branco para a transmissão em cores.

Mas todas essas formas de comunicação não eram interativas, no sentido de permitir diálogo entre o emissor do texto e sua plateia receptora. Nessa mesma direção podemos constatar uma outra corrente que visou ampliar e diversificar as maneiras de expressão e circulação de produtos culturais de uma forma aberta a respostas. Mais especificamente, os países industrializados fizeram um grande investimento financeiro na produção de outras tecnologias que suprissem a necessidade de trocas comunicativas que pudessem superar maiores distâncias geográficas (a tecnologia do telégrafo, do fax) ou viabilizassem conversas a distância em tempo real (o telefone). A tecnologia digital dá continuidade a esse processo, facilitando a integração de diversos modos de comunicação. No computador, linguagens que antes dependiam de diferentes suportes para registro e acesso de informação (texto impresso, fotografia e filme, por exemplo) passaram a ser armazenadas todas juntas na memória de um único meio. Explorando o potencial de impulsos elétricos foi possível criar uma complexa linguagem de máquina (linguagem binária), centrada em convenções de *um* e *zero* (contato e não contato), que por sua "imaterialidade" permite o armazenamento de um volume espantoso de dados e uma velocidade de acesso a esses dados sem precedentes na história.

O desenvolvimento posterior das redes de computadores, ou redes telemáticas (a internet sendo a mais conhecida de todas) permitiu não só o acesso a documentos armazenados em diferentes máquinas, como também a possibilidade de ligar diferentes documentos ou segmentos de documentos (lexias) através de links, dando origem ao que passamos a chamar de hipertexto[8]. Se analisarmos bem, o hipertexto na realidade só materializa algo que já estávamos habituados a fazer: nosso conhecimento cultural se constrói de forma intertextual e em rede. Talvez a tecnologia tenha só ampliado e permitido que víssemos de forma mais concreta como se constroem essas redes de relações e sentidos múltiplos.

O fato de as transações econômicas terem se apropriado dos recursos oferecidos pelas redes telemáticas no seu movimento de busca por novos mercados e por setores de produção menos dispendiosos – base do capitalismo de última geração, o chamado *capitalismo rápido* – gerou a necessidade de outras inovações tecnológicas. Criou-se a necessidade de meios de comunicação a distância mais eficientes e de baixo custo, que permitissem trocas interativas em escala global. Tal necessidade, em parte, explica a criação da chamada *Web 2.0*. Essa nova versão técnica permite não só o acesso a documentos, mas a interação entre usuários em tempo real ou quase real, seja via escrita, via sonora ou via imagética e geralmente através de enunciados que exploram duas ou mais linguagens de forma integrada. O fato de poder armazenar, consultar e transmitir dados usando um único canal (impulsos elétricos) e integrando linguagens, instigou o surgimento de formas extremamente criativas no registro das diferentes produções culturais e também ampliou as formas de expressão exploradas nas interações sociais. Ou seja, o que hoje entendemos como novo retoma, re-significa e dá continuidade ao que já nos é familiar.

É importante reconhecer que tal processo foi, na realidade, mais acelerado e diversificado com a criação das ferramentas de autoria que viabilizaram a participação de pessoas leigas nas

---

8 A esse respeito, ver a obra **Hipertexto**, de Luiz Fernando Gomes, dessa mesma coleção, *Trabalhando com... na escola*.

áreas técnicas no processo de produção, edição e publicação de textos verbais, imagens estáticas, vídeos e sons. O auxílio dessas ferramentas permitiu a usuários isolados aventurarem-se na construção de **textos multimídia e hipermídia**, uma atividade que antes dependia da participação de equipes técnicas altamente especializadas.

Uma breve navegação pelos ambientes virtuais e pelos sites da internet nos permite constatar sem dificuldade algumas dessas mudanças. A escrita verbal é apenas uma das formas de construção de sentidos exploradas pelos internautas. Duas particularidades merecem também ser destacadas em relação a essas produções. Além de multimodais elas são marcadamente remissivas: incluem links que remetem a outras páginas que contêm novos links (uma remissão potencialmente infinita). Isso ocorre tanto no nível conceitual (temas de interesse) quanto interpessoal (lista de indivíduos classificados como amigos em redes sociais como o Orkut ou Facebook, por exemplo).

Outra particularidade está na interatividade constitutiva das trocas comunicativas que ocorrem no meio virtual. Navegando pelas diferentes publicações feitas na rede, o leitor define caminhos de leitura (escolhe links e ordem de acesso às informações disponibilizadas na página). Além disso, como hoje está cada vez mais comum os ambientes digitais oferecerem espaços para comentários e publicação de leitores, na Web 2.0 o leitor contribui diretamente com o sentido do texto lido na medida em que assume o papel de autor, publicando seus comentários ou relacionando o texto lido a outras publicações que circulam na rede.

Em relação a esse último aspecto, a agilidade da comunicação a distância em tempo real ou quase real via internet quebra as barreiras de espaço e tempo, o que torna possível o surgimento de um novo tipo de comunidade (as comunidades virtuais) e formas novas e cada vez mais híbridas de construções e expressões culturais (a cultura global). Nesse contexto complexo de interações surgem gêneros que são específicos dos meios digitais. As práticas de produção e leitura desses gêneros demandam habilidades e estratégias cognitivas dos internautas que são distintas daquelas desenvolvidas através do uso do texto impresso. Em síntese, na época atual, "*letrar*" o aluno certamente pressupõe ir muito além das *letras* e das práticas tradicionais de letramento. Esquemas interpretativos para as diferentes informações imagéticas, já extremamente necessárias para a interação crítica com textos veiculados pela mídia jornalística e televisiva, na internet, tornam-se salientes demais para serem desconsiderados. Soma-se a isso a interpretação de informações sonoras das mais variadas naturezas.

Exercer o papel de formador em períodos de transição nunca foi uma tarefa fácil. Isso traz para algumas pessoas a sensação desconfortável de estar sendo "*atropeladas pelo bonde da história*". Mas, na realidade, embora o uso da internet exija mudanças, ele traz muitas vantagens para as práticas de formação. Entre as várias que podem ser citadas está o fato de o professor ter mais autonomia em relação aos livros didáticos, que nem sempre oferecem apoio ideal ou adequado para diferentes grupos de alunos. Esse tipo de material agora pode ser complementado, subvertido e, nas propostas pedagógicas mais inovadoras, até mesmo substituído. Além disso, o aluno de hoje tem mais condições de participar de forma ativa no seu processo de aprendizagem. Isso tudo pode tornar o cotidiano escolar mais interessante e menos monótono tanto para os alunos quanto para os professores.

3. ALGUNS MOTIVOS PARA ALENTO: TECNOLOGIA A SERVIÇO DOS PROFESSORES

3.1 Professores das diferentes áreas acadêmicas

Para professores do ensino médio encontrar materiais de apoio para as atividades de sala de aula sempre foi um problema a ser contornado. Em algumas áreas como Biologia, Física e Química ou mesmo Geografia, nas quais as imagens auxiliam muito a apreensão de determinados conceitos, os materiais impressos (como os livros didáticos) oferecem recursos bastante limitados se contrastados com materiais digitais. Isso também se aplica às demais áreas de conhecimento. Nem sempre era possível encontrar subsídios pedagógicos adequados ou viabilizar acesso a outras fontes de conteúdo além do livro didático adotado para facilitar a aprendizagem de determinados conceitos. A criação do "próprio material" pelo professor sempre foi uma alternativa defendida nos cursos de formação para professores em serviço, que, em geral, tende a não refletir com a devida profundidade a natureza da tarefa proposta e as dificuldades diversas, inclusive financeiras, envolvidas no acesso a fontes de informação diversas, necessárias para a criação de novas atividades em sala de aula. Muitas vezes esses cursos de formação também não oferecem exemplos ilustrativos de atividades pedagógicas que podem servir de base de inspiração para adaptações ou criações de propostas mais locais. Isso é problemático porque sem uma orientação mais clara o professor deixa de explorar em sua prática recursos oferecidos pelos laboratórios de informática implantados nas escolas.

Esses recursos podem compensar, inclusive, algumas deficiências materiais da escola para o desenvolvimento de algumas atividades. A título de exemplo, o professor que atua em escolas sem recursos para laboratórios de ciências pode recorrer às experiências demonstradas no meio virtual. Mais especificamente, existem na internet materiais interativos nos quais o aluno pode inclusive assumir o papel de cientista e observar o resultado gerado por suas escolhas de ação. Isso pode ser comparado a uma experiência didática muito especializada, que há tempos vem sendo utilizada: o uso de simuladores de voo explorados na formação de pilotos. Há também exemplos muito criativos desenvolvidos em outras áreas, principalmente no campo do ensino superior. Trazendo esse tipo de vivência para o ensino médio, existem na rede algumas possibilidades bem-sucedidas voltadas para níveis mais básicos que podem ser adotadas ou adaptadas pelo professor.

A internet traz soluções importantes para esse antigo problema de como se ter acesso a materiais didáticos diversos e adequados. Na rede é possível encontrar textos, ilustrações, vídeos, filmes, discussões sobre qualquer questão que o professor queira explorar na sala de aula. O acervo digital também permite o acesso a algumas iniciativas voltadas especificamente para a disponibilização de materiais didáticos. A título de exemplo, o Banco Internacional de Objetos de Aprendizagem (<http://objetoseducacionais2.mec.gov.br>), que tem contribuições brasileiras e cuja produção foi subsidiada pelo MEC, oferece materiais digitais para professores que atuam nas diferentes disciplinas e níveis de ensino. Embora nem todas as sugestões sejam felizes na exploração do potencial dos recursos e das linguagens hipermídia, há nesse banco propostas bem criativas que merecem ser avaliadas pelo professor e expostas aos alunos. A interatividade de construtos hipermídias pode proporcionar uma participação mais ativa do aprendiz e ajudá-lo, de diferentes maneiras, a adquirir conceitos complexos e abstratos.

Outra questão a ser considerada é a participação dos professores das diferentes áreas no ensino dos letramentos. Em cada área de conhecimento compete ao professor facilitar o acesso ao discurso da sua área e aos gêneros favorecidos por tais discursos. A título de ilustração, ao aprendermos Matemática, História, Geografia, mais do que conceitos isolados nessas áreas acadêmicas, estamos na realidade adquirindo uma forma de pensar, analisar a realidade e expor nossos conhecimentos a partir de perspectivas definidas pela comunidade dos matemáticos, historiadores, geógrafos e assim por diante. Aprendemos sobre os textos, os tipos de problemas, as formas de solução e modos de socialização dessas soluções que cada uma dessas comunidades privilegia. Incorporamos também os valores e informações que são relevantes e secundários para cada comunidade. Nossa participação nesses grupos depende do nosso domínio desse conjunto de saberes e formas de comunicação socialmente aceitas. É isso que explica o fato de as datas terem funções e valores diferentes para a comunidade dos historiadores e dos geógrafos. Essa breve discussão visa sustentar uma afirmação mais ampla.

Como professores, nossa meta é expandir as condições de circulação social de nossos alunos, permitindo que eles desenvolvam as habilidades necessárias para a construção de conhecimento e modos de compartilhar informações privilegiadas pela sociedade atual. Nosso trabalho amplia as possibilidades de aceitação e participação do nosso aluno em diferentes tipos de comunidades que dominam e pressupõem o domínio de determinados conteúdos e de perspectivas discursivas. Junto com os "conceitos de área" ensinamos também as formas de comunicação esperadas por essas diferentes comunidades. Isso sustenta a afirmação de que todos os docentes estão diretamente envolvidos na ampliação do repertório de letramento de seus alunos. O professor de Língua Portuguesa (ou mesmo de língua estrangeira) pode ser um aliado importante nesse processo, já que trabalha também com a adequação das escolhas linguísticas a determinados gêneros discursivos. Trabalhos de natureza interdisciplinar podem favorecer ou mesmo demandar esse tipo de parceria entre áreas acadêmicas na escola, o que auxilia os alunos a adquirirem múltiplos letramentos que são necessários à sua participação social efetiva fora do contexto escolar.

3.2 Professores de línguas

Aula de língua é, antes de mais nada, uma aula de laboratório. Aprende-se uma língua a partir de situações de uso. No caso de língua estrangeira, a dificuldade do professor em conseguir materiais adequados à sua turma, fora do livro didático, sempre foi maior do que nas outras áreas de conhecimento. Tal dificuldade aumentava quando ele atuava em classes de alunos principiantes. Revistas e jornais estrangeiros (que traziam materiais autênticos) eram de difícil acesso, caros, dirigidos a um público de adultos proficientes na língua estudada e por isso nem sempre a compra dessas publicações justificava o investimento feito pelo professor. Eram poucos os textos que podiam ser de fato explorados ou adaptados para uso em situações de sala de aula. A exposição a insumos orais era, em geral, restrita a poucos vídeos, gravações em áudio e, por isso, o aluno tinha contato com o uso da modalidade oral fundamentalmente através da produção do professor. Agravando essa situação, a experiência de produção oral do aprendiz era limitada a poucas horas de aula semanais e a situações de práticas extremamente artificiais. Um bom exemplo disso eram as perguntas e respostas, que os alunos "praticavam" em aula, indagando sobre o nome, idade, e outros dados dos colegas, informações essas que já conheciam. As diretrizes do ensino comunicativo, criadas para contextos de imersão linguística – como é o caso da aprendizagem de uma segunda língua – foram vistas como uma alternativa mais promissora e foram também propostas para a situação de língua estrangeira. Isso acabou gerando alguns conflitos na prática, já que o contato real do aluno brasileiro com a língua alvo era drasticamente diferente e o número de alunos em classe muito superior àquele contemplado nos países onde essas orientações de ensino foram delineadas. Na realidade, em países continentais como o Brasil, o aprendiz de língua estrangeira tinha pouca ou nenhuma oportunidade de usar, fora da sala de aula, os conhecimentos linguísticos que estava adquirindo.

A internet mudou essa situação de várias maneiras. Primeiro, além da facilidade de acesso a textos das mais variadas naturezas e sobre os mais variados assuntos, agora o aprendiz pode interagir com uma variedade enorme de produções multimídias que integram sons, imagens, vídeos com legenda ou transcrição. Essas publicações virtuais oferecem pistas de significados variados e alternativos que facilitam a construção de sentidos, principalmente no caso de aprendizes cujo domínio da língua-alvo ainda é precário. A exposição a textos complexos, como ocorre na vida real, passou a ser mais viável, facilitada por esses diferentes recursos expressivos. Em síntese, atualmente as redes sociais e as publicações on-line propiciam diferentes oportunidades para a exposição e uso da língua alvo. Pode-se mesmo dizer que aprendizes de línguas estrangeiras, mesmo sem sair de seu próprio espaço geográfico, têm a possibilidade de usufruir uma "imersão linguística virtual" que permite o acesso a situações reais de uso da língua. O fato de a maioria dessas interações ocorrerem através da escrita não é um problema e sim uma vantagem para aprendizes. Fora as situações de comunicação on-line (como aquelas que ocorrem nas salas de bate-papo), os alunos podem produzir, rever e mesmo corrigir seus enunciados antes de postá-los. Para aqueles que ainda não dominam a língua de forma automática isso é um grande benefício, já que pode quebrar a inibição que principiantes naturalmente sofrem quando interagem com indivíduos mais proficientes.

Outra grande vantagem a ser destacada é que, em estágios iniciais, o aprendiz pode colocar-se como "plateia", ou "público", restringindo-se a ler ou a ouvir enunciados na língua estudada em discussões que sejam centradas em temas de seu interesse. Essa exposição auxilia a sua familiaridade com o léxico, a sintaxe, as normas semânticas e pragmáticas que regem o uso da língua estudada. Tendo maior familiaridade com a língua alvo, a tecnologia digital também permite que o aprendiz ponha em prática seu conhecimento, envolvendo-se em interações escritas ou orais, ou mesmo participando de comunidades de aprendizes interessados em ensinar e aprender línguas de forma cooperativa e colaborativa. Há também uma série de publicações on-line que podem ser exploradas pelo professor na construção de práticas de ensino ou pelos alunos em experiências de estudo. Alguns portais oferecem uma seleção de endereços com essa finalidade[9].

9 Alguns exemplos são o English Trails (disponível no endereço <http://readinweb. iel.unicamp.br/riw/englishtrails/index.php>), e o Arado (disponível no endereço <http://www.letras.ufmg.br/arado/>)

Existe, é claro, o receio de que, sem uma orientação prévia, o aluno seja exposto a usos da língua considerados "inadequados" ou "não padrão". É bom lembrar, no entanto, que esse talvez seja não um problema da internet, mas sim da própria natureza da "situação de imersão". Em toda sociedade "a língua" e os usos dessa língua são múltiplos e variados, uma questão nem sempre abordada na escola.

Essa reflexão sobre o ensino de línguas estrangeiras nos remete ao professor de língua materna para quem essa questão de necessidade de imersão nem sempre está clara. Tradicionalmente o ensino de Língua Portuguesa foi associado às competências de ler e escrever. Até as reflexões sobre gênero ganharem destaque nas propostas pedagógicas para o ensino de Língua Portuguesa, essas competências eram pensadas desvinculadas de situações sociais de uso. Algumas iniciativas de ensino exploravam características textuais recorrentes em tipos de textos específicos – textos descritivos, narrativos, argumentativos – mas essas discussões linguísticas não estavam necessariamente vinculadas à explicação das condições de produção e recepção textual – quem fala, por quê, para que e em que situação social – que são fundamentais para entendermos os "**eventos de letramento**".

A falta de explicitação das normas que regem a adequação das escolhas linguísticas para contextos de interação social específicos talvez seja motivada pelo fato de o ensino ser norteado pela crença de que o Português é a língua nacional dominada por todos os alunos. Esquecemos que na sociedade brasileira circulam variedades e **gêneros** muito distintos entre si no seu repertório lexical, nas suas normas gramaticais, semânticas e pragmáticas. Convivemos em nosso cotidiano com múltiplas culturas e variedades linguísticas. A escola historicamente tem favorecido o ensino da variedade linguística privilegiada pelos grupos sociais hegemônicos: a variedade padrão. É essa a norma que é adotada para veicular o conhecimento escolar para as diferentes classes sociais.

Isso pode ser mais acessível para as classes sociais que dominam as normas linguísticas favorecidas pela escola e pelos discursos acadêmicos, mas pode ser obscuro e problemático para alunos cujas realidades linguísticas e culturais estão muito distantes daquelas eleitas pela escola. É de se esperar que nesses casos o professor construa pontes no nível linguístico e cultural de forma a aproximar e facilitar a aquisição de gêneros e discursos escolares.

Talvez a aquisição do conhecimento escolar possa ser realizada através de caminhos mais diversos e menos "homogêneos". Reconhecendo e respeitando a diversidade cultural, não deveríamos perder a noção de que cabe à escola o papel de <u>expandir</u> as referências linguísticas e culturais do aprendiz em diferentes direções e favorecer a aquisição da variedade e dos gêneros que circulam nas práticas sociais hegemônicas. Isso permite que o aprendiz amplie o universo das situações sociais nas quais pode participar como interlocutor e agente, ou seja, cabe ao professor de língua materna familiarizar o aluno com usos de língua que lhe são "estrangeiros", ou seja, gêneros que circulam fora dos círculos sociais a que ele já pertence, e nos quais ele já interage com competência. Nos eventos de letramento que lhe são familiares, ele não precisa do auxílio das práticas pedagógicas escolares, salvo em situações em que essas práticas cotidianas são analisadas e revistas a partir de um prisma crítico.

Reforçando essa comparação entre situações de ensino de variedades linguísticas distintas, há línguas que são mais transparentes entre si (como o português e o espanhol) e línguas mais distantes (como o português e o alemão). Pode-se dizer que os gêneros e os discursos acadêmicos são mais próximos (transparentes) para alunos de classe média que já dominam usos do português padrão e mais distantes para a grande maioria da população brasileira. Para aprendizes oriundos dos grupos economicamente desfavorecidos, se formos bem realistas, o português padrão tem características semelhantes àquelas descritas para situações de segunda língua. É fato que esses alunos são expostos a usos da variedade padrão através de alguns programas de rádio e televisão. No entanto, também é verdade que se considerarmos o tipo de programa dirigido aos grupos sociais classificados como público das classes C e D, temos que admitir que eles não são referenciais que auxiliem na aquisição de usos linguísticos de prestígio, pois muitos deles não utilizam o chamado padrão culto da língua. Há também outro tipo de contato linguístico dos grupos periféricos com a variedade padrão em situações cotidianas: as classes sociais interagem entre si. No entanto, tais contatos são limitados e geralmente restritos a relações sociais assimétricas, nas quais os grupos socialmente desfavorecidos participam como subalternos (em relações de trabalho, por exemplo).

Quanto mais distante for essa variedade, maior será a necessidade de o professor criar pontes, mostrando de forma mais explícita as normais sociais e linguísticas que determinam a adequação das escolhas linguísticas a contextos de usos específicos. Nessa direção ensinar língua – materna ou estrangeira – é sempre refletir sobre cultura e sociedade. Para a autonomia do aluno em processos de aquisição linguística (algo que temos que fazer a vida inteira), é importante que o trabalho voltado para o ensino de determinados gêneros discursivos seja uma forma de despertar nos alunos uma maior consciência linguística e desenvolver estratégias que sejam úteis para a aquisição de línguas em geral.

Por esse conjunto de razões, podemos dizer que a internet é uma ferramenta privilegiada como apoio para o ensino de línguas. Por oferecer uma circulação social sem precedentes, que tende a ser registrada através da escrita e de outras modalidades linguísticas, é possível explorar exemplos concretos de usos de língua nas mais variadas situações (contextos formais e informais). A produção do aluno pode ir além de um mero exercício escolar, realizado para a leitura do professor e com objetivos de avaliação.

Agora o aprendiz tem a possibilidade de publicar seus textos on-line para leitores virtuais. Nessa situação que envolve o desejo real de interlocução, questões relativas à aceitação linguística do texto (adequações de gêneros), assim como aquelas que afetam a clareza e função dos enunciados produzidos passam a ser mais pertinentes para os aprendizes.

Paradoxalmente, a ampliação do ensino para um número maior de universos sociais pode diminuir o trabalho do professor. Projetos coletivos geram mais leituras e produções, mas demandam um outro tipo de intervenção na qual o professor deixa de ser a fonte única de avaliação. É inviável para o professor centralizar todas as mediações que levam à aprendizagem. A possibilidade de publicação on-line e o trabalho em pequenos e grandes grupos permite que os próprios alunos se ajudem mutuamente no domínio da língua. Essa possibilidade é bem menos ameaçadora do que parece. Na aquisição de língua materna, por exemplo, somos expostos a um conjunto imenso de situações de uso em que vários indivíduos, inclusive crianças de idades próximas, apontam e "corrigem" usos inadequados e direcionam o indivíduo à apropriação das normas culturais sociais e linguísticas adequadas para contextos específicos. Outra aproximação que as interações com a internet têm com as práticas linguísticas cotidianas é a multiplicidade de recursos linguísticos (verbal, sonoro, gestual, e inclusão do contexto imediato) que ela oferece para construirmos sentidos. O uso de múltiplos recursos semióticos é constitutivo dos enunciados orais. Antes mesmo de dominar as palavras e a sintaxe da língua, crianças muito pequenas reproduzem a linha prosódica e os gestos adequados a determinadas situações de uso da língua e com esses recursos contextualizadores se fazem entender. Talvez toda essa tecnologia, se usada de forma crítica, nos permita sermos melhor do que já somos e a entender melhor o que já vivemos em nosso cotidiano social.

4 UM ALERTA: NAVEGAR É PRECISO

Embora a compra de equipamentos que permitem o acesso e a transmissão de dados de informação seja ainda relativamente cara, uma das grandes vantagens da tecnologia digital é precisamente a relação de custo e benefício. Em meios digitais, como o leitor tem acesso à matriz textual (e não a cópias/reproduções dessa matriz), os gastos envolvidos tradicionalmente no processo de publicação e circulação de textos deixaram de ser um impedimento para a participação das diferentes camadas sociais no processo de divulgação de informações e debate de posições ideológicas. Diferentes indivíduos e grupos sociais com culturas e ideologias diversas puderam divulgar no meio digital sua perspectiva sobre determinados assuntos e ter a possibilidade de serem lidos por um público leitor amplo. Além disso, o espaço virtual permitiu anular um conjunto de fatores que marcam de forma bastante rígida a interação da diversidade sociocultural na vida real: idade, gênero, aparência e sotaque, só para mencionar algumas variáveis exploradas como justificativa para a exclusão de indivíduos de grupos sociais específicos.

É verdade que nem tudo que é disponibilizado on-line é amplamente acessado pelos usuários das diferentes tecnologias. No entanto, tal acesso não deixa de ser potencialmente viável. Não sendo ingênuos, é claro que o preconceito e a exclusão no mundo virtual também existem. Mas o escudo protetor da tela permite a criação de "personas virtuais", o que possibilita abrir espaço para a experimentação de vivências sociais e linguísticas diferenciadas e significativas. Isso pode, por um lado, ser uma vantagem para a ampliação da compreensão dos internautas sobre diferentes lugares sociais possíveis e, em termos ideais, pode favorecer a construção de uma maior tolerância com a diversidade social mais ampla. Por outro lado, a proteção da tela pode também gerar problemas sérios, como o *"cyberbullying"* ou a exploração de outros atos socialmente nocivos, como a proliferação de sites de pedofilia ou de sites declaradamente preconceituosos. Independentemente da nossa avaliação sobre vantagens e desvantagens que esses novos recursos trazem, é fato que eles já estão implantados nas práticas sociais. Cabe, portanto, aos educadores delinear caminhos que permitam a formação de indivíduos menos ingênuos e mais éticos, para que as possibilidades de circulação na rede sejam exploradas de forma individual e socialmente construtiva.

Como docentes não podemos estar alheios ao fato de que muitas das atividades humanas hoje se desenvolvem em um contexto bem mais complexo do que estávamos habituados, marcado por uma densa rede de inter-relações que geram envolvimentos e influências mútuas. A sociedade da informação tem particularidades que trazem consigo novos desafios para a prática social, em geral, e tem efeitos concretos na vida dos indivíduos, em particular. Em relação a essa questão, alguns teóricos têm buscado categorizar algumas das alterações mais salientes[10]:

- A rapidez de transmissão de informação acelera os processos de transformações (técnicas, econômicas, culturais), tornando por vezes impossível prever as consequências de tais mudanças.
- Há menos espaço e tempo para a reflexão e abstração. Os indivíduos são obrigados a pensar rápido, dada a renovação contínua e a multiplicidade de fontes de informação.
- Há eminência da cultura da imagem e do espetáculo.
- A transformação das coordenadas temporais e espaciais, que antes restringiam as possibilidades de interação, hoje permite que no ciberespaço a comunicação se construa em rede.
- A globalização do mercado e da cultura gera um novo tipo de homogeneização social.

10 As características elencadas são apresentadas e discutidas em mais detalhe no estudo de Coll e Monereo (2010)

- Surgem novas formas de divisão e estratificação das classes sociais – os que têm acesso e os que não têm acesso a tecnologias e os que sabem ou não explorar os seus recursos.

Entender a natureza e as consequências dessas transformações sociais é central para a formação crítica do aluno que já está, direta ou indiretamente, imerso em novas práticas e rotinas sociais. Essa imersão gera mudanças na maneira dos indivíduos pensarem, buscarem e compartilharem conhecimentos, estabelecerem relacionamentos e suas necessidades de momentos de lazer e envolvimento lúdico. Ou seja, o aluno também mudou e hoje ele traz para a escola novos tipos de habilidades leitoras e produtoras que foram desenvolvidas fora do controle escolar. Esse aluno também enfrenta e terá que enfrentar novos tipos de problemas. A multiplicidade e heterogeneidade das fontes de informação podem tanto favorecer as análises e os contrastes necessários para a reflexão crítica, quanto gerar dispersão do leitor e instigar a construção de conhecimentos superficiais sobre uma infinidade de temas. Isso certamente nos conduz a uma questão mais geral: como pensar o currículo e as metodologias de ensino de modo a ir ao encontro dessas mudanças e promover modos de pensar críticos? As propostas que se seguem visam provocar reflexões nessa direção.

5 TECNOLOGIA E MUDANÇAS NOS MODOS DE ENSINAR E APRENDER

Muitas das orientações metodológicas vinculadas ao uso das TICs – aprendizagem colaborativa, ensino centrado no aprendiz – são na realidade discussões bastante antigas na área educacional. No entanto, é importante reconhecer duas questões centrais. Primeiro, a tecnologia traz para a prática pedagógica formas mais dinâmicas de implementar modos colaborativos ou reflexivos de ensinar e aprender. Segundo, uma breve análise – de materiais digitais, de cursos a distância, ou mesmo usos das TICs como meio de expansão das atividades propostas na sala de aula – é suficiente para constatarmos que as inovações defendidas pela teoria não estão realmente acontecendo na prática. Inúmeros "materiais digitais" postados na rede se restringem à mera verificação do conhecimento, demandando muito pouca reflexão por parte do aprendiz. Vários deles, inclusive, reproduzem orientações comportamentalistas, e, por isso, do ponto de vista pedagógico, podem ser considerados um retrocesso. Isso gera em alguns professores a sensação de que a tecnologia em sala de aula não passa de um modismo. De fato, o uso da lousa digital para escrever da mesma forma que já fazemos usando lousas comuns não altera em nada a prática pedagógica tradicional. O uso do *powerpoint* pode tanto ser inovador, quanto se restringir à projeção de resumos que antes eram projetados com o auxílio de transparências e retroprojetores, ou mesmo sínteses que o professor escrevia na lousa ou distribuía em formato impresso para seus alunos. A única coisa que muda com o uso da tecnologia digital, nesses casos, é a facilidade de produção e a possibilidade de revisão e alteração dos slides. Na realidade, as mudanças não são determinadas pelas mídias, mas sim pela perspectiva pedagógica adotada e pela exploração efetiva e criativa dos recursos que o meio oferece.

Resumindo, o fato de ser digital não garante o caráter de "inovação". Não é a incorporação da tecnologia que determina as mudanças nas práticas de ensino, mas sim o tipo de uso que o professor faz das possibilidades e recursos oferecidos pelas TICs. Para tal uso ser pedagogicamente produtivo é preciso "trazer Sócrates para o presente", ou seja, é preciso rever algumas tradições já naturalizadas e cristalizadas nas práticas de sala de aula e também refletir sobre caminhos alternativos. Não sendo possível esgotar todas as possibilidades, neste volume optamos por enfocar três caminhos: dois centrados na construção colaborativa de conhecimento (aprendizagem baseada em casos e baseada em problemas) e outro centrado na autonomia do aprendiz (aprendizagem reflexiva automonitorada). Mas, antes de pensarmos tais propostas, é necessária uma reflexão de como elas afetam nossa noção de currículo e conteúdo programático. Esse ponto é fundamental pois pressupõe mudanças bastante radicais nas forma como entendemos a construção de conhecimento na escola.

5.1 Da escola para a vida real ou vice-versa

Se analisarmos as propostas e orientações curriculares oficiais, é comum nos depararmos com sugestões para trabalhos inter e transdisciplinares que, em geral, ressaltam a importância de levarmos o contexto social do aluno em consideração. Essas diretrizes apontam para caminhos promissores, mas nem sempre se discute abertamente as mudanças de base que elas pressupõem. Nossa tradição acadêmica é marcada pela segmentação das áreas de conhecimento e pela crença de um contínuo que contempla uma progressão linear e gradual da exposição do aluno aos "conteúdos básicos" das diferentes áreas. Ou seja, há a pressuposição de que expostos a um conjunto de conceitos fundamentais, apresentados em uma gradação já definida para os diferentes níveis de escolaridade, o aluno estará capacitado a usá-los na vida real. A relevância dos conceitos teóricos para a vida prática do aprendiz não precisa ser explicitada ou justificada pelo professor: é simplesmente vista como natural e evidente.

Podemos aqui estabelecer um paralelo com as calculadoras. Tais máquinas não exigem que o aluno desenvolva as habilidades necessárias para fazer de forma ágil e precisa cálculos matemáticos seja mentalmente ou através da escrita. Em contrapartida, para usar com eficiência os recursos que as calculadoras oferecem, o indivíduo precisa entender a lógica do cálculo matemático de uma forma mais abstrata. Só assim ele saberá identificar que operações são necessárias para resolver problemas matemáticos específicos. A máquina apenas lhe oferece a possibilidade de realizar essas operações de forma automática.

Indo em uma direção semelhante, a tecnologia da internet também liberou nossos recursos mentais da necessidade de gravar na memória um conjunto de informações. As máquinas estocam e acessam com facilidade e rapidez a quantidade de informação que quisermos. Assim "sábio" não é mais aquele que é "bem informado", mas sim aquele que sabe como construir, a partir de um conjunto diversificado de informações e meios, os conhecimentos necessários para a resolução de problemas específicos.

Os recursos oferecidos pelas TICs, ao colocarem em segundo plano as necessidades de retenção de informação, problematizam a noção tradicional de currículo, que é bastante conteudista e prevê um avanço sequencial e homogêneo na construção do conhecimento. A construção de livros didáticos e a determinação do conteúdo programático que os professores adotam para ministrar as diferentes disciplinas refletem uma segmentação de saberes e uma definição das competências esperadas para os diferentes níveis de escolarização. Dentro dessa prática, as tarefas escolares têm a função de sistematização ou verificação da informação teórica veiculada em sala de aula. A relação desses conteúdos com a vida dos alunos é vista como um caminho desejável para instigar a motivação para a aprendizagem. Ou seja, a participação do aluno está prevista, mas o gerenciamento e a dinâmica das práticas de ensino são fundamentalmente centrados na ação e contribuição do professor.

A Web 2.0 permite e demanda modos menos centralizadores nas ações de ensino e aprendizagem, assim como conteúdos menos rígidos e predefinidos. Como fonte de informação (não de conhecimento[11]), a internet, de modo geral, oferece mais recursos do que aqueles disponíveis na memória de um professor, mesmo

---

11 A teoria estabelece uma distinção entre informação (conteúdos) e conhecimentos (capacidade de uso da informação em situações práticas)

na sua área de especialidade. As redes sociais ampliam as possibilidades de ajuda mútua, cooperação e colaboração entre profissionais e leigos e também entre indivíduos que, mesmo tendo saberes fragmentados sobre um determinado tema, podem juntos construir visões mais complexas e abrangentes. O movimento do software livre já mostrou na prática como os indivíduos conseguem colaborar uns com os outros até no desenvolvimento de ferramentas técnicas altamente complexas. Os avanços conseguidos nessas comunidades se beneficia da heterogeneidade de seus membros. Essas comunidades contam com a competência sofisticada dos desenvolvedores de programas, com a intuição inesperada de técnicos menos experientes e também com a ajuda de indivíduos que não contribuem diretamente com sugestões para o desenvolvimento de determinados programas técnicos, mas auxiliam a comunidade, testando as soluções propostas e indicando problemas encontrados.

Essa experiência de trocas virtuais bem-sucedidas nos leva a pensar que o aluno de hoje, mais do que de conteúdos, precisa ser educado para o desenvolvimento de olhares críticos e de habilidades e estratégias que lhe permitam discriminar a natureza de problemas práticos, geralmente particulares a determinados contextos sociais e mutáveis. Devido a esses fatores, a compreensão de tais problemas e a definição de caminhos para a ação demandam diferentes perspectivas de análise e indivíduos que saibam construir conhecimento através de trocas coletivas (como a do movimento do software livre) e também em práticas de estudo autônomo e reflexivo. Nos dois caminhos que conduzem à aprendizagem, o indivíduo precisa desenvolver: (i) estratégias de busca de informação e de critérios de seleção, (ii) competências para integração de conhecimentos de áreas diversas, e (iii) senso crítico para saber avaliar as consequências sociais de suas escolhas, de sua posição ideológica.

As metas educacionais delineadas são bastante ambiciosas e, justamente por isso, para serem alcançadas de fato na prática escolar, a realidade social do aluno precisa ser o ponto de partida e não o ponto de chegada do conhecimento acadêmico. Ou seja, os conteúdos programáticos têm que ser selecionados a partir da necessidade concreta de entender ou agir sobre realidades específicas. Isso coloca naturalmente algumas questões que não são triviais. *Como fica o nivelamento das turmas? Como fica o aluno que muda de turma, de escola ou de cidade?* Não há respostas claras para essas questões nesse estágio de mudanças. No entanto, podemos conjeturar que, nesses casos específicos, o aprendiz vai precisar da ajuda do professor, dos colegas de turma e das comunidades on-line para superar suas lacunas de conhecimento. Idealmente ele vai também fazer esforços para contribuir para as construções coletivas de conhecimento dentro de suas possibilidades de colaboração. As comunidades virtuais centradas em interesse específicos têm muito a ensinar para a escola nessa direção.

Uma vez explicitadas direções e dilemas gerados pela inserção das TICs nas práticas de letramentos institucionais ou cotidianas, como um início de reflexão sobre novas propostas pedagógicas, as seções que seguem discutirão três procedimentos metodológicos: dois voltados para trabalhos coletivos e um mais voltado para o desenvolvimento da autonomia do aprendiz. É importante não perder de vista que a qualidade do trabalho em grupo certamente demanda reflexões individuais e estudo independente dos membros que o constituem. Isso é essencial para que haja trocas nas quais todos aprendem e também ensinam. As três orientações têm em comum o objetivo de levar o aluno a "aprender a aprender", e representam tentativas de encontrar caminhos pedagógicos que promovam operações mentais mais sofisticadas. Podemos retomar aqui o paralelo já feito com as calculadoras. Como agora não precisamos mais "reter informação na cabeça", podemos usar nossas capacidades mentais para a construção de saberes mais complexos e aprofundados.

5.2 Aprendizagem baseada em casos e aprendizagem baseada em problemas

A literatura atual tem feito uma distinção entre os chamados "nativos digitais", a população mais jovem que já cresceu familiarizada com as TICs, e os chamados "imigrantes digitais", que dominam a cultura letrada tradicional, mas que precisam ou optam pelo uso das práticas letradas realizadas nos meios digitais. Alguns estudos[12] recentes buscam discriminar algumas características que definem os chamados "nativos digitais". Esses estudos constatam que usuários que são "nativos digitais" desenvolveram estratégias e modos particulares de encontrar pessoas e socializar-se com elas e também de buscar e trocar informações, embora suas habilidades de busca muitas vezes sejam orientadas por critérios bastante imprevisíveis e nem sempre sofisticados. Em contrapartida, esses usuários demonstram grande competência em compartilhar informação visando a construção de um produto ou resultado comum (como jogos, por exemplo). Como já foi apontado, tais habilidades são demandadas pela sociedade atual, na qual os indivíduos são avaliados não pelo conhecimento que dominam, mas sim pela sua capacidade de localizar informações, construir conhecimentos relevantes para questões específicas e compartilhá-los com outros membros que circulam nas comunidades e grupos com os quais interagem.

Considerando a descrição feita das competências que tipificam os nativos digitais, podemos considerar as intervenções pedagógicas sendo realizadas em quatro frentes principais:

a) Auxiliar os alunos a terem mais clareza de caminhos possíveis para buscar informações.

b) Promover situações de aprendizagem que propiciem o desenvolvimento das habilidades necessárias para as trocas

---

12 Prensky (2001) em Coll e Monereo (2010).

e negociações inerentes ao processo de construções coletivas de conhecimento.

c) Orientar seus alunos de modo a que sejam críticos em relação aos critérios que adotam no processo de seleção das informações que utilizam na construção de conhecimentos.

d) Finalmente, agora mais do que nunca, é importante o professor instigar em seus alunos reflexões de natureza ética que vão determinar, em última instância, a natureza de sua participação e intervenção social.

Essas quatro frentes de ação educativa, para fazer sentido para o aluno, precisam ser contextualizadas em questões do cotidiano por ele vivenciado.

A *aprendizagem baseada em casos* e a *aprendizagem baseada em problemas* são exemplos de iniciativas voltadas para a construção de aprendizagem centrada em questões complexas da vida real. Essas orientações têm sido implementadas e testadas no contexto do ensino superior com bastante sucesso, e ambas demandam que o aluno se responsabilize pelo seu próprio aprendizado. Mais especificamente, cabe ao aluno, assistido pelos docentes e por outros alunos que fazem parte de seu grupo, colocar em prática seus conhecimentos prévios, de modo a delimitar questões e identificar conceitos acadêmicos que precisa adquirir ou aprofundar na busca de gerar propostas de soluções para as questões ou problemas selecionados. Questões da vida real envolvem um conjunto de fatores que só podem ser devidamente tratados em projetos interdisciplinares, que viabilizam análises mais abrangentes. A complexidade de tais problemas também demanda modos mais coletivos de estudo. A sugestão que tem sido colocada é a de pequenos grupos compostos em média por 5 indivíduos.

A principal diferença que pode ser estabelecida entre as orientações baseadas em problema e as baseadas em caso é que a primeira parte de questões concretas do cotidiano e a segunda traz para a sala de aula um caso. No caso da aprendizagem baseada em problema, os docentes colocam seus alunos frente a um problema real que apela diretamente aos interesses e preocupações da classe e espera-se que o processo de aprendizagem seja desencadeado pela busca de explicações, construção de indagações e/ou propostas de resolução para o problema eleito[13].

De um modo geral, a grande vantagem dessas duas orientações pedagógicas é permitir que o aluno perceba e vivencie a complexidade, as ambiguidades e incertezas que caracterizam situações e relações sociais cotidianas. Aprender a gerenciar incertezas é essencial no momento histórico atual em que as interações entre as diferenças se ampliam (tornando a realidade social mais complexa) e as mudanças ocorrem de forma extremamente rápida, queiramos ou não. Sendo abordagens centradas nos alunos, os casos ou os problemas não são definidos *a priori*, mas são selecionados para estudo a partir do sentido e relevância que eles têm para grupos de alunos específicos. No entanto, a título de um exercício ilustrativo, podemos idealizar situações hipotéticas nas quais um professor desenvolveria o processo de ensino e aprendizagem baseado em casos ou problemas.

Reconhecendo os limites desse exercício de reflexão (criado para um grupo de alunos "genérico"), entendemos que os exemplos práticos, mesmo que precários, são úteis para o esclarecimento de alguns pressupostos pedagógicos. É importante também ressaltar que embora essas metodologias sejam mais facilmente implementadas em atividades que envolvam professores de várias disciplinas, a falta do engajamento dos colegas não é, por si

---

13 Tanto a aprendizagem baseada em problema quanto o estudo de caso foram orientações metodológicas inicialmente adotadas em curso de formação básica na área de medicina e posteriormente essa perspectiva foi aplicada a outros cursos de formação universitária. No ensino médio essa abordagem pedagógica pode ser relacionada a algumas propostas de ensino baseado em projetos. Em Portugal, a Escola da Ponte (<http://www.escoladaponte.com.pt>) ilustra uma iniciativa de adoção de um currículo baseado nessa orientação. Sobre esta questão ver também a matéria de José Pacheco e a Escola da Ponte (<http://revistaescola.abril.com.br/formacao/formacao-inicial/jose-pacheco-escola-ponte-479055.shtml>)

só, um impedimento para adotá-las como orientação de ensino. No entanto, no caso de docentes que atuam de forma isolada, as possibilidades de temas podem ser mais limitadas e as discussões sobre determinados conteúdos acabam sendo naturalmente mais gerais ou superficiais. Aliás, muitas vezes o envolvimento de mais docentes acaba sendo instigado de forma indireta como um resultado secundário das atividades pedagógicas bem-sucedidas. Mais especificamente esse tipo de orientação acaba gerando a necessidade de consulta a colegas sobre questões específicas que surgem naturalmente quando lidamos com temas complexos. Isso pode muitas vezes ser uma forma de, a curto e médio prazo, despertar o interesse que leva ao estabelecimento de parcerias entre os colegas para a realização de projetos interdisciplinares.

Aprendizagem baseada em casos

Enfocando agora um exemplo ilustrativo, pensemos em uma situação factível da vida cotidiana. Suponhamos que, em um determinado bairro de periferia, o problema da gravidez na adolescência seja recorrente e, por essa razão, ele seja o caso escolhido para estudo. O professor de Português pode narrar em sala de aula uma história criada sobre uma adolescente enfrentando essa situação. Esse tema pode ser visto por diferentes prismas: o professor de Biologia pode discutir a questão da reprodução sexual e métodos de prevenção da gravidez. O professor de Geografia pode debater pontos relativos ao crescimento demográfico e suas implicações ambientais e sociais. O professor de Matemática pode trabalhar com questões relativas à projeção de gastos envolvidos na criação de um bebê. O professor de História pode refletir sobre diferenças que a noção de família teve em diferentes épocas e/ou contextos culturais, visando entender a questão da paternidade e maternidade dentro de um contexto histórico mais amplo. →

O professor de Português pode ampliar as reflexões sobre o tema indicando textos literários que abordam o problema, assim como outras leituras sobre esse assunto visando fundamentar a produção dos alunos. Pensando na divulgação pública dessas reflexões, o professor de Artes poderia participar discutindo outras formas de expressão que poderiam ser incorporadas a um blog educativo sobre o tema. Esse blog poderia ser explorado para registro do processo e ser também o produto final do projeto. Com uma classe dividida em pequenos grupos, cada um trabalhando com questões específicas, o resultado final do projeto pode ser muito abrangente em termos de conteúdo explorado. Ou seja, o aluno pode aprender com a investigação realizada por seu grupo e também pela socialização em classe e no blog do conhecimento produzido pelos demais grupos.

Resumindo, a discussão das diferentes áreas visa promover uma compreensão mais ampla sobre o problema específico (gravidez na adolescência) e pensar alternativas para os que se encontram nessa situação. Essas reflexões e informações são úteis para os alunos e para a comunidade e também para outras comunidades de natureza semelhante que enfrentem esse problema. Ou seja, o trabalho em sala de aula traz a realidade da comunidade para a escola e devolve para a comunidade uma compreensão diferenciada sobre essa realidade. De um modo geral e ideal, espera-se com esse tipo de prática educativa criar uma relação mais concreta entre a teoria e a prática e também cria vínculos mais claros entre a escola e a sociedade ampla.

O exemplo dado poderia certamente ser explorado de forma mais complexa e criativa se efetivamente analisado por especialistas das diferentes áreas. A proposta aqui não é sugerir um caminho a ser implementado, mas apenas ilustrar como um caso que ocorre na vida real cotidiana dos alunos pode servir de base para a construção de conceitos acadêmicos em várias áreas distintas. A criação de um blog é uma das alternativas possíveis para fazer com que a produção efetiva dos alunos tenha o objetivo de <u>comunicação</u> com grupos sociais externos à sala de aula e não seja apenas um instrumento de <u>avaliação</u> de desempenho. Isso pode ter um impacto significativo no envolvimento dos alunos e na qualidade dos trabalhos gerados. Do ponto de vista educacional é também uma forma de levar os alunos a contar com outras formas de análise de seu cotidiano além daquelas que já dominam.

Aprendizagem baseada em problema

No exemplo anterior as reflexões partiram de um <u>caso</u> específico inicialmente apresentado aos alunos na forma de uma narrativa. A aprendizagem baseada em problemas segue uma lógica similar com a diferença de que as intervenções educativas partem de um problema concreto específico do grupo de alunos ou sua comunidade: saneamento básico em um determinado bairro, uso de drogas na juventude, problemas de transporte público, de violência, mercado de trabalho ou iniciativas ligadas às expressões artísticas, culturais ou lazer, citando algumas áreas de investigação possíveis. Apontado como sendo relevante pelos alunos, um problema específico, dentre essas ou outras temáticas amplas, as diferentes disciplinas buscam explorar as informações e conhecimentos na área que podem ajudar a entender o problema eleito e delinear possíveis caminhos de ação para sua solução.

Uma coisa importante a ser salientada é que sendo problemas reais, e por isso complexos, é necessário que os alunos de fato se envolvam (daí a necessidade de ser uma questão que eles mesmos escolham). O professor não tem nesses casos respostas prontas. É possível que ele aprenda com o trabalho dos alunos e esteja alerta para o fato de que algumas questões vão possivelmente ficar em aberto. Muitas vezes ao buscarmos entender a realidade a partir do olhar de várias disciplinas, podemos não encontrar soluções, mas sim perceber questões que antes ignorávamos, dentro e fora de nossas áreas de atuação. Precisamos ter clareza que estudamos não só para achar respostas, mas também para entender de forma mais concreta e menos ingênua, "*qual deve ser a natureza das perguntas*".

Resumindo, essa orientação pedagógica não propõe ou espera que o professor tenha respostas prontas. Ela pressupõe, no entanto, que sua formação na área permita que ele tenha mais facilidade em identificar subtemas e questões a serem investigados por pequenos grupos, que auxilie os alunos a organizarem a distribuição de tarefas e funções dentro dos grupos em caso de conflitos internos, e possa sugerir aos alunos alternativas e métodos para investigar, organizar, sintetizar e socializar os conhecimentos adquiridos em suas investigações. Ou seja, não se exclui a intervenção docente, o que muda apenas é que ela não é mais centrada na transmissão de conteúdos. Nesse processo os alunos não deixam de adquirir conceitos acadêmicos, mas o conteúdo efetivamente adquirido é definido pela natureza do problema escolhido para estudo e não por programas preestabelecidos nas diferentes disciplinas.

O professor no bloco do "eu sozinho"

A participação coletiva em atividades que se propõem a mudar o que já é familiar e naturalizado na prática social nem sempre é fácil ou mesmo factível. No entanto, isso não impede que professores pensem tarefas que sejam complexas, embora restritas ao campo de reflexão de uma única disciplina escolar.

Um professor de Português, por exemplo, pode, a partir de um artigo sobre briga entre torcidas organizadas, refletir com seus alunos sobre futebol e sobre os motivos que instigam ou explicam as brigas entre torcidas. Podemos imaginar também um conjunto de tarefas que justificariam a produção e publicação de diferentes gêneros discursivos usando os recursos on-line: história dos times preferidos da turma; hinos desses clubes; jogadores que se destacam[14]. Para trabalhar com estruturas argumentativas, imagina-se que discussões sobre qual é o melhor time geraria uma discussão bastante "acalorada", principalmente entre meninos. Nessas produções as questões linguísticas poderiam ser trabalhadas e ilustradas em contextos reais de uso. Como esse tema pode ser bastante polêmico e inflamado, cabe ao professor determinar normas de respeito mútuo no debate e de adequação na linguagem a ser usada. Isso é uma oportunidade para refletir sobre questões éticas necessárias para a construção do respeito mútuo e da convivência com as diferenças. Esse trabalho pode também ser expandido para uma releitura da questão da violência física, como forma de gerenciar conflitos, ou mesmo ser uma porta de entrada para uma discussão mais ampla sobre os diferentes tipos de violência com os quais convivemos na sociedade. Meninas ou alunos que não gostem de futebol poderiam talvez abraçar outra vertente temática.

Como em geral os alunos tendem a se envolver nesse tipo de discussão, pode-se antever a possibilidade de que a própria motivação dos alunos instigue o interesse de outros docentes em também contribuírem para a ampliação das pesquisas e

14 Nesse volume estamos priorizando a discussão sobre o uso do meio digital; no entanto é importante registrar que essas orientações pedagógicas tendem a estimular também diferentes formas de apresentação de conhecimento fora do meio digital: textos impressos, apresentação de teatro, só para citar algumas possibilidades.

→ debates. O interesse pelo futebol pode levar, por exemplo, o professor de Educação Física a discutir normas que regem o jogo, a origem do jogo e assim por diante. Assim, o bloco do "eu sozinho" acaba, com o tempo, criando novas parcerias de modo a se transformar no bloco do "eu acompanhado", necessário para a realização de projetos interdisciplinares, em direções mais complexas como as que já foram genericamente delineadas.

5.3 Práticas de estudo independente

A internet oferece um conjunto de sites e portais voltados para a prática de ensino e aquisição de conhecimento. É interessante o professor fazer uma pesquisa na rede e selecionar alguns endereços que possam ajudar o aluno a estudar de forma autônoma. Como as práticas de estudo independente não fazem parte da cultura de aprender da maioria dos alunos, é produtivo o professor selecionar exemplos concretos e, a partir deles, mostrar para o aprendiz como ele pode explorá-los de forma a adquirir o conhecimento almejado. Essa sugestão se ancora na crença de que é produtivo e necessário ensinar para os alunos estratégias específicas que os auxiliem a "aprender a aprender".

PARTE DOIS

E MUITA COISA MUDOU ... OU DEVERIA...

Ele pensa que é o tal só porque agora passou a usar um "tablet"!

1. RECURSOS OFERECIDOS PELAS FERRAMENTAS E AMBIENTES DIGITAIS

A primeira parte deste volume refletiu sobre as razões que justificam o professor preocupar-se com a inclusão dos recursos digitais nas suas práticas escolares. A sociedade mudou, assim como as formas de aprender. Hoje as práticas sociais dependem cada vez mais dos recursos de comunicação e trocas de informação oferecidas pelas novas tecnologias. Assim como as práticas de ensino sofreram alterações quando passaram a contar com o apoio de materiais impressos, na atualidade, elas também estão mudando (ou precisam mudar) de modo a incorporar as práticas letradas digitais que já circulam em diferentes esferas sociais.

No final da primeira parte, foram apresentadas algumas propostas pedagógicas que têm sido apontadas como caminhos para a formação do aprendiz para essa nova realidade social na qual as barreiras de espaço e tempo tornaram-se bastante difusas e o processo de acesso e publicação de informações foi significativamente agilizado e democratizado. As metodologias recentes apontam a necessidade de modos de construção de conhecimento em grupos (aprendizagem colaborativa e cooperativa) e também enfatizam a necessidade de os alunos desenvolverem formas mais autônomas de estudo (aprendizagem reflexiva e automonitorada). As condições de interação da sala de aula tradicional, assim como o apoio apenas de materiais impressos têm se revelado insuficientes para atingir as metas propostas por essas orientações de ensino.

Na complexa passagem da teoria para a prática surge sempre uma questão-chave: *como concretizar as mudanças apontadas como desejáveis?* De um modo geral é plausível acatarmos a tese de que se as mudanças sociais foram geradas pelo uso da tecnologia, é nela também que encontraremos caminhos que nos permitam mudar as práticas educativas. Pensando nessa direção, a segunda parte deste volume descreve alguns ambientes e ferramentas visando ressaltar diferentes tipos de recursos com os quais o professor pode contar. As descrições feitas levam em consideração a versão de 2011 desses ambientes. Apesar de tais descrições poderem ficar rapidamente desatualizadas, para docentes menos familiarizados com práticas comunicativas em meios digitais, elas podem ser úteis na medida em que esclarecem algumas das funções já existentes. Adicionalmente, o formato impresso, por permitir uma visão mais clara do todo, facilita a percepção da lógica subjacente à construção de diferentes ferramentas digitais[15]. Essa percepção mais global pode, em tese, orientar a exploração de novos ambientes e ferramentas na rede ou permitir que o leitor atualize no futuro os recursos de ambientes já conhecidos.

15 Na tela dos computadores o texto é disponibilizado de duas formas alternativas: uma requer um acesso sequencial através da rolagem da tela (textos digitados ou cópias digitalizadas); outra requer uma escolha de percursos de leitura (informações organizadas em uma estrutura hipertextual). Ambas as formas, por diferentes razões, não permitem que o leitor folheie o texto construindo uma ideia geral sobre os temas explorados em cada parte, mesmo sem ter lido cada uma delas em detalhes. O suporte impresso oferece algumas vantagens de manuseio do texto que favorecem certos tipos de análises mais globais que os computadores mais tradicionais não permitem. A tecnologia de ipads e as mudanças técnicas que seguem nessa direção já estão trazendo alterações significativas para os suportes textuais digitais e talvez essas reflexões sejam brevemente inadequadas. No ipad a resolução da tela oferece um conforto visual próximo da leitura impressa e o usuário pode "folhear" o texto deslizando o dedo na tela.

1.1 Ambientes virtuais de aprendizagem (AVA)

O computador inicialmente foi incorporado às práticas escolares com a função de editor de textos. Os recursos digitais ofereciam vantagens significativas em relação às antigas máquinas de datilografia: correções e rearranjos de textos deixaram de ser tão complicados e trabalhosos. Embora na década de oitenta já existissem iniciativas que exploravam o suporte digital para o registro e acesso de materiais pedagógicos, tais iniciativas ainda eram escassas. A produção de materiais hipermídia era muito dispendiosa, pois sua produção demandava a atuação de profissionais técnicos altamente especializados. Muitas das ferramentas de que dispomos hoje para produção, edição e integração de linguagens ainda não haviam sido desenvolvidas e as existentes tinham licenças de uso bastante caras. Adicionalmente, o público consumidor desse tipo de material era muito restrito, devido ao custo elevado dos computadores pessoais na época. Nos anos noventa e principalmente depois da virada do milênio, houve uma mudança significativa de cenário: um número maior de pessoas passou a ter acesso residencial a computadores e à internet e as licenças de uso dos programas passaram a ter preços mais acessíveis ou mesmo ter acesso gratuito devido aos inúmeros projetos de software livre. Isso, atrelado ao desenvolvimento da Web 2.0, ampliou as práticas letradas no meio digital. Mais recentemente, o avanço da tecnologia digital (notebooks, celulares, ipads e redes sem fio, entre outros) conferiu maior portabilidade às TICs, tornando as práticas de comunicação em meio digital cada vez mais presentes em contextos sociais formais e informais.

Em relação às práticas educacionais, a Web 2.0 despertou um novo interesse em iniciativas de ensino a distância. Isso ocorreu devido ao fato de o meio virtual oferecer novos canais para a comunicação simultânea ou quase simultânea do professor com sua classe ou com alunos individuais ou mesmo dos alunos entre si. Embora recursos técnicos – como o rádio e depois a televisão

– já estivessem sendo empregados como uma forma de inovar os antigos cursos por correspondência, as restrições de possibilidades de interação entre os indivíduos não foram resolvidas por essas mídias. Talvez as dificuldades colocadas para a interação em parte expliquem o fato de muitas dessas iniciativas optarem por uma estruturação rígida norteada por orientações comportamentalistas (na linha da instrução programada), que eram centradas na transmissão e na verificação da aquisição de informações. Esse tipo de linha pedagógica tornava o ensino a distância pouco atrativo para os alunos e seus resultados muitas vezes precários.

Após a criação da Web 2.0, houve um grande investimento financeiro e intelectual cuja meta era a construção de plataformas técnicas que permitissem transpor a sala de aula para o meio virtual. Surgem assim os ambientes virtuais de aprendizagem (AVA), espelhados no tipo de práticas realizadas na modalidade presencial. É possível discriminar dois grandes interesses que impulsionaram a criação de ambientes com fins especificamente educacionais: a oferta de cursos a distância e o uso da mediação tecnológica para diminuir o número de encontros presencias[16]. Posteriormente os AVAs também foram explorados como uma alternativa para ampliar o escopo das atividades extraclasse oferecidas aos alunos de disciplinas e cursos presenciais. Hoje existem inúmeras opções de AVAs disponíveis para o professor. Algumas são de acesso restrito a instituições de ensino (universidades, secretarias de ensino), outras são oferecidas com licença de uso paga e há também opções de acesso gratuito. Frente a essa diversidade, o presente volume descreve dois ambientes que são de acesso li-

---

16 Essa oferta nem sempre foi motivada por questões educacionais, relacionadas ao acesso a uma educação de qualidade ou a orientações pedagógicas inovadoras que explorassem de fato os novos recursos trazidos pelas TICs. Corporações educacionais investiram nas iniciativas de ensino a distância (EAD) como uma alternativa para ampliar lucros. As primeiras plataformas foram produzidas para serem comercializadas e sua licença de uso era extremamente cara. Isso favoreceu uma visão de EAD voltada para lucros e formação superficial, visão esta que prevaleceu no final do século XX.

vre na internet e têm sido bastante explorados em iniciativas de educação a distância no Brasil: as plataformas TelEduc e o Moodle.

O TelEduc é uma iniciativa que oferece recursos mais básicos. Essa plataforma foi desenvolvida por uma equipe pequena de programadores da Unicamp[17]. Já o Moodle, por ter código aberto, é uma plataforma construída e melhorada por programadores do mundo todo[18]. Alguns professores, menos familiarizados com o uso de AVAs, sentem-se mais confortáveis com um ambientes mais simples. Em contraste, professores mais confortáveis com o meio digital preferem ambientes mais complexos que oferecem maior flexibilidade na elaboração e execução das atividades didáticas. A plataforma Moodle tende a ser preferida por esses professores, já que oferece um conjunto maior de ferramentas (inclusive ferramentas de escrita colaborativa, como a Wiki) e permite uma interação mais amigável com os diferentes endereços da internet.

A descrição que será apresentada dos dois ambientes esclarece essas diferenças e está centrada na versão oferecida para o professor. Nas plataformas educacionais, cabe ao docente ou "tutor" definir que ferramentas vai usar no seu curso ou disciplina, salvo nos caso em que a instituição opta por engessar a ação do professor, determinando uma padronização do modelo pedagógico e subvertendo o caráter potencialmente inovador e democrático das TICs. De um modo geral, embora as equipes técnicas explicitem a função de cada recurso oferecido nas plataformas, é comum os docentes subverterem o uso originalmente previsto para as diferentes ferramentas. Por exemplo, o professor pode decidir usar o *Mural* no TelEduc como a função prevista em seu

---

17 Profissionais técnicos vinculados ao Núcleo de Informática Aplicada à Educação (NIED) e do Centro de Computação da Unicamp (CCUEC).
18 Toda ferramenta técnica possui um código, uma linguagem técnica que dá comandos específicos. Quando o programa é de código aberto, os técnicos conseguem ter acesso na tela a (podem "ler") esse código e, vendo a lógica de programação proposta, alterar o programa, colocando melhorias ou corrigindo erros. Se o código for fechado, só a equipe que criou o programa tem permissão de alterá-lo.

tutorial (servir como *um espaço reservado para que todos os participantes possam disponibilizar informações consideradas relevantes para o contexto do curso*), ou utilizar o *Mural* com a função sugerida para a agenda (*registrar as atividades previstas para determinados períodos do curso*). É importante salientar que só as ferramentas selecionadas pelo professor ficarão visíveis na tela do aluno e que tais ferramentas serão utilizadas com a função que o docente determinar. Feitas essas ponderações, o entendimento do funcionamento das diferentes plataformas educacionais pode ser facilitado se estabelecermos um paralelo entre elas e as práticas presenciais de sala de aula que elas buscam espelhar.

Na dinâmica da sala de aula, cabe ao professor gerenciar a disciplina ou curso, determinando sua estrutura geral e negociando ou comunicando aos alunos quais as atividades esperadas em cada encontro presencial. Ele define também as tarefas que precisam ser realizadas extraclasse, o assim chamado "dever de casa". Além de especificar as atividades previstas e seu cronograma de execução, o professor atua como fonte de informação e reflexão. Mais especificamente, cabe ao docente contextualizar teoricamente os conceitos que estão sendo abordados, oferecer explicações ampliadas ou complementares, de modo a criar pontes que facilitem a construção do conhecimento. Ele também auxilia seus alunos esclarecendo as questões e sanando as dúvidas que são geradas a partir das atividades propostas.

É importante ressaltar que mesmo as metodologias que privilegiam a participação ativa dos alunos no desenvolvimento dos conteúdos escolares, consideram essencial a intervenção do professor no processo de ensino e aprendizagem. Para que esse processo ocorra com sucesso, principalmente no caso de aprendizes mais jovens ou novatos em áreas específicas de conhecimento, é fundamental a mediação de um docente que gerencie, monitore e avalie a qualidade da aprendizagem em curso. As novas propostas metodológicas não excluem o professor. Ao contrário, elas demandam uma formação prévia mais sólida em relação ao domínio da área para que ele possa monitorar a atuação dos alunos. Um domínio mais superficial dos conceitos da área não permite esse tipo de ação pedagógica.

Mesmo aceitando que o docente, por melhor que seja, nunca domina todo o conhecimento de sua área de atuação – estamos sempre aprendendo – não podemos ignorar que há um diferencial qualitativo em relação ao conhecimento da área que o docente traz de sua formação prévia. É justamente esse conjunto de conhecimentos que lhe permite gerenciar trabalhos com questões complexas não deixando que o aluno se sinta perdido.

Em relação ao aluno, a prática escolar tradicional espera que ele execute as atividades, geralmente mediadas pela escrita: exercícios, pesquisas, produção de textos. Adicionalmente, na sala de aula o aluno é instigado a participar de discussões orais, realizadas em grande grupo, e se engajar em diferentes tipos de práticas pedagógicas que visam tanto o desenvolvimento ou consolidação do conhecimento como também a avaliação de desempenho (tarefas individuais ou coletivas). Como nossa cultura atual de aquisição de conhecimento acadêmico se apoia muito no registro escrito, o aluno precisa de cadernos para tomar notas e pastas onde guarda cadernos, materiais e livros e tarefas executadas[19].

Tendo o ambiente TelEduc como exemplo ilustrativo, podemos dizer que esse AVA oferece ao professor ferramentas para que: gerencie sua disciplina (*dinâmica do curso*, *agenda*, *mural*, *parada obrigatória*); determine e acompanhe a participação e o desempenho dos alunos (*acesso*, *intermap*, *atividades*, *avaliações*, *exercícios*); disponibilize informações que visam embasar o processo de construção de conhecimento na realização das atividades propostas (*leituras e material de apoio*). Os alunos, por sua vez, têm acesso a espaços onde podem registrar informações ou mesmo monitorar seu processo de aprendizagem (*portfólio in-*

---

19 Em alguns contextos, principalmente em meios universitários, o caderno e pastas escolares já vêm sendo substituídos por computadores móveis (notebook, netbook)

dividual, portfólio de grupo, diário de bordo). No que tange a interações entre os indivíduos, elas podem ocorrer em tempo real (*bate-papo*) ou de forma assíncrona (*fórum de discussão, correio*, por exemplo).

Há também nesse ambiente algumas vantagens adicionais em relação ao que a maioria dos AVAs oferece. Citando as mais comuns, o meio virtual permite que o aluno seja exposto a mais materiais de apoio do que seria possível em sala de aula. O custo envolvido na reprodução de material impresso sempre foi um fator que limitou as escolhas que o professor poderia oferecer para os alunos, como já discutido em mais detalhes na Parte Um deste volume. O meio digital também permite uma participação mais ampla dos alunos. Por um lado, as atividades realizadas em pequenos grupos são facilitadas, uma vez que os indivíduos já não são restringidos pelos limites de espaço e tempo que caracterizam as discussões em pequenos grupos na situação presencial. Eles já não precisam estar todos no mesmo lugar e ao mesmo tempo para que a discussão coletiva progrida.

Por outro lado, discussões em grande grupo, como as que ocorrem nos fóruns virtuais, oferecem mais espaço para participação do que aquelas que normalmente conduzimos em sala de aula. Na situação presencial, há sempre um limite para a participação do aluno, já que não é possível que todos os interessados se pronunciem, por questão de tempo ou mesmo de "ruído": várias pessoas falando simultaneamente geram uma interposição de vozes que inviabiliza a compreensão do que está sendo dito. Por isso, para que a discussão transcorra de forma eficaz, é necessário que o professor gerencie a participação dos alunos, evite o desdobramento de colocações que fogem do tema ou são demasiadamente prolixas. Em sala de aula às vezes também é necessário monitorar a discussão de modo que determinados alunos não monopolizem os turnos de fala.

Nos fóruns virtuais, como as interações são realizadas através da escrita, muitos desses problemas são minimizados. Todos os alunos potencialmente podem participar do debate, colocando a sua posição. Como não há a pressão comunicativa, o aluno pode amadurecer e elaborar melhor suas ideias antes de publicá-las para a leitura coletiva. Essa vantagem, aliada à proteção oferecida pelo escudo da tela, que torna a censura social menos ameaçadora, faz com que alunos mais tímidos se arrisquem mais nas discussões em grande grupo. O sucesso da participação também depende da objetividade dos textos. Textos muitos longos e prolixos tendem a desestimular a leitura dos participantes. Finalmente, ao contrário do que ocorre nas interações orais, no meio virtual todas as colocações ficam registradas e podem ser consultadas e lidas novamente pelos alunos durante a discussão.

É importante ressaltar que as vantagens aqui apontadas são potenciais. Na prática, muitas vezes é preciso desenvolver nos alunos as habilidades necessárias para esse tipo de discussão coletiva. É comum nos fóruns pedagógicos, por exemplo, os alunos postarem suas mensagens para que o professor leia sem relacioná-las às colocações que estão sendo feitas pelos colegas. Recorrentemente é apontado por docentes que usam AVA que a participação dos alunos fica longe do que é idealizada. Nossa cultura de aprender ainda está fortemente centrada na figura do professor e formas mais colaborativas de construção de conhecimento geralmente precisam ser estimuladas e desenvolvidas.

Outro alerta a ser feito refere-se ao monitoramento do professor nas interações virtuais. Nem sempre temos consciência do fato de que, em sala de aula, grande parte das nossas intervenções é norteada por dados extraverbais: expressões faciais e postura corporal do aluno. Esses dados nos indicam quando precisamos usar de novos artifícios para reconquistar a atenção do aprendiz, se explicações e informações mais detalhadas ou exemplos adicionais são necessários para avançar no processo de ensino-aprendizagem. As interações virtuais não permitem acesso a essas informações extralinguísticas e tanto o professor como os alunos precisam se adaptar a um novo tipo de dinâmica, na qual as reações precisam ser verbalmente expressas[20].

Em síntese, os ambientes virtuais de aprendizagem foram concebidos para reproduzir práticas pedagógicas que já existiam na sala de aula presencial, embora eles coloquem alguns limites e possibilidades novas em relação ao que já vinha sendo feito no ensino tradicional. Uma vantagem a ser destacada é o fato de os AVAs, em geral, abrirem novos espaços para a construção colaborativa de conhecimento. Outro ponto positivo é que, sendo um ambiente virtual, ele favorece e instiga a consulta a materiais disponibilizados na internet, que é um banco de informações potencialmente infinito.

Em contrapartida, nas interações que ocorrem face a face, a presença física do outro pode tanto ser um estímulo como uma pressão que instiga a participação dos indivíduos. As pistas oferecidas pela linguagem corporal dos alunos favorece a detecção de problemas não verbalizados, o que permite ajustes mais finos por parte do professor. De fato, uma das grandes vantagens oferecidas pelo ensino presencial é a flexibilidade que ele permite que o professor tenha na condução de sua aula. Como ele pode alterar o rumo das atividades em curso sem que isso gere grandes problemas, ele não precisa seguir um roteiro mais fechado e controlado como os que são normalmente adotados nas atividades pedagógicas realizadas no meio virtual. Por essa razão, a modalidade presencial tende a ser a mais indicada para alunos menos autônomos, seja por traço de personalidade, pela faixa

---

20 Mesmo nas tecnologias que permitem o acesso à imagem, como é o caso da videoconferência, o processo de varredura visual da sala é delimitado pelo ângulo das câmeras. Além disso, a resolução da imagem projetada não oferece a mesma nitidez e clareza de detalhes que conseguimos captar nos encontros face a face. O mesmo comentário se aplica ao apoio dos *emoticons* e outros símbolos que buscam retratar emoções como, por exemplo, o uso de caixa alta. Esses recursos visuais trazem sentidos adicionais ao texto, mas não substituem a linguagem corporal ou a prosódia. A título de exemplo, a carinha que indica que o enunciado é irônico e que aparece no final da sentença. Nas situações face a face, a expressão irônica do falante acompanha toda a produção de seu texto.

etária na qual se encontram ou pelo grau de familiaridade que possuem em áreas específicas de conhecimento. Esses aprendizes podem necessitar do estímulo e da segurança oferecida pelo acompanhamento mais próximo de um docente. Há também questões de socialização, que vão além do conhecimento acadêmico e que são mais facilmente desenvolvidas nas dinâmicas presenciais.

Feitas essas ressalvas, como um alerta sobre certas idealizações feitas sobre os benefícios dos recursos técnicos incorporados às práticas de ensino, é importante que demos o devido destaque para algumas vantagens que nem sempre são ponderadas por posturas "*tecnofóbicas*". É fato que os recursos digitais oferecidos pelos AVAS, ou a apropriação de outros ambientes da internet com finalidade de ensino, podem ter um impacto qualitativo significativo nas atividades pedagógicas do ensino fundamental.

Na sequência apresentaremos em mais detalhes os recursos oferecidos pelas duas plataformas selecionadas. Comparando os recursos das duas, é possível perceber que certas funções se repetem, outras são mais sofisticadas ou distintas. Como já mencionado, a grande diferença entre o ambiente TelEduc e o Moodle está nos recursos para construção de exercícios, na possibilidade de utilização da plataforma Wiki (utilizadas em produções coletivas), na facilidade de uso de consulta a endereços da internet (já que os links externos são abertos sem que o aluno saia da plataforma) e principalmente a possibilidade que essa plataforma oferece de integrar grupos de alunos de uma classe com os de outras classes. Esse último recurso permite trocas colaborativas mais amplas e mais próximas da diversidade que caracteriza a "*inteligência coletiva*", um conceito que tende a ser vinculado às múltiplas interações viabilizadas pela mediação da internet. Como a plataforma Moodle, por ser de software livre, tem interfaces em português e inglês, apresentamos a nomeação dos recursos nas duas línguas.

TELEDUC

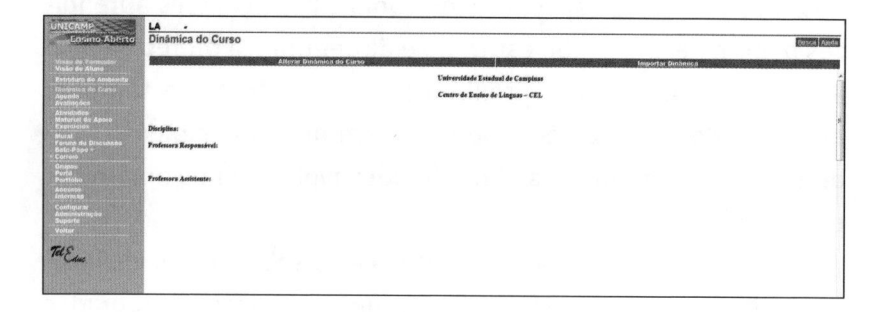

- **Estrutura do Ambiente** – Contém informações sobre o funcionamento do ambiente TelEduc.
- **Dinâmica do Curso** – Esse espaço foi previsto para o professor/tutor disponibilizar informações sobre a metodologia e a organização geral do curso.
- **Agenda** – Como o nome indica, esse espaço foi concebido para ser a página de entrada do curso em andamento, já que explicita a programação prevista para um determinado período do curso.
- **Avaliações** – Permite o aluno acessar as avaliações em andamento no curso
- **Atividades** – Apresenta para os alunos as atividades a serem realizadas durante o curso.
- **Material de Apoio** – Apresenta informações úteis relacionadas à temática do curso, subsidiando o desenvolvimento das atividades propostas.
- **Leituras** – Apresenta artigos relacionados à temática do curso, podendo incluir sugestões de revistas, jornais, endereços na web, etc.
- **Perguntas Frequentes** – Contém a relação das perguntas realizadas com maior frequência durante o curso e suas respectivas respostas.
- **Exercícios** – Ferramenta para criação/edição e gerenciamento de exercícios com
    - questões dissertativas
    - múltipla escolha

- associação de colunas
- verdadeiro ou falso

- **Enquetes** – Ferramenta para a criação de enquetes
- **Parada Obrigatória** – Contém materiais que visam desencadear reflexões e discussões entre os participantes ao longo do curso.
- **Mural** – Espaço reservado para que todos os participantes possam disponibilizar informações consideradas relevantes para o contexto do curso.
- **Fóruns de Discussão** – Permite acesso a uma página que contém tópicos que estão em discussão naquele momento do curso. O acompanhamento da discussão se dá por meio da visualização de forma estruturada das mensagens já enviadas e a participação, por meio do envio de mensagens.
- **Bate-Papo** – Permite uma conversa em tempo-real entre os alunos do curso e os formadores ou entre os alunos. Os horários de bate-papo com a presença dos formadores são, geralmente, informados na "Agenda". Se houver interesse do grupo de alunos, o bate-papo pode ser utilizado em outros horários.
- **Correio** – Trata-se de um sistema de correio eletrônico interno ao ambiente. Assim, todos os participantes de um curso podem enviar e receber mensagens através deste correio. Todos, a cada acesso, devem consultar seu conteúdo recurso a fim de verificar as novas mensagens recebidas.
- **Grupos** – Permite a criação de grupos de pessoas para facilitar a distribuição e/ou desenvolvimento de tarefas.
- **Perfil** – Trata-se de um espaço reservado para que cada participante do curso possa se apresentar aos demais de maneira informal, descrevendo suas principais características, além de permitir a edição de dados pessoais. O objetivo fundamental do Perfil é fornecer um mecanismo para que os participantes possam se "conhecer a distância", visando ações de comprometimento no grupo. Além disso, favorece a escolha de parceiros para o desenvolvimento de atividades do curso (formação de grupos de pessoas com interesses em comum).

- **Diário de Bordo** – Como o nome sugere, trata-se de um espaço reservado para que cada um possa registrar suas experiências ao longo do curso, sucessos, dificuldades, dúvidas, anseios, visando proporcionar meios que desencadeiem um processo reflexivo a respeito do seu processo de aprendizagem. As anotações pessoais podem ser compartilhadas ou não com os demais. Em caso positivo, podem ser lidas e/ou comentadas pelas outras pessoas, servindo também como outro meio de comunicação.

- **Portfólio** – Nesta ferramenta os participantes do curso podem armazenar textos e arquivos utilizados e/ou desenvolvidos durante o curso, bem como endereços da internet. Esses dados podem ser particulares, compartilhados apenas com os formadores ou compartilhados com todos os participantes do curso. Cada participante pode ver os demais portfólios e comentá-los se assim o desejar.

- **Acessos** – Permite acompanhar a frequência de acesso dos usuários ao curso e às suas ferramentas.

- **Intermap** – Permite aos formadores visualizar a interação dos participantes do curso nas ferramentas Correio, Fóruns de Discussão e Bate-Papo, facilitando o acompanhamento do curso.

- **Configurar** – Permite alterar configurações pessoais no ambiente tais como: senha, idioma e notificação de novidades.

As ferramentas descritas a seguir são de uso exclusivo dos formadores e do coordenador do curso:

- **Administração** – Permite gerenciar as ferramentas do curso, as pessoas que participam do curso e ainda alterar dados do curso. As funcionalidades disponibilizadas dentro de Administração são:
  - Visualizar / Alterar Dados e Cronograma do Curso
  - Escolher e Destacar Ferramentas do Curso
  - Inscrever Alunos e Formadores
  - Gerenciamento de Inscrições, Alunos e Formadores

- – Alterar Nomenclatura do Coordenador
- – Enviar Senha
- **Suporte** – Permite aos formadores entrar em contato com o suporte do Ambiente (administrador do TelEduc) através de e-mail.

MOODLE

Ferramentas do ambiente

- **Estrutura do Ambiente** – Contém informações sobre o funcionamento do ambiente Moodle.
- **Dinâmica do Curso** – Contém informações sobre a metodologia e a organização geral do curso.
- **Agenda/Calendário** – A agenda contempla três diferentes combinações em relação ao que vai ser disponível para os alunos usuários:
  - – Site: é criado pelos usuários administradores técnicos. Essa ferramenta determina a identidade visual da plataforma e por isso aparece em todos os cursos que a utilizam.

- Curso: é definido pelo professor e determina como o ambiente será visto pelos alunos (layout escolhido e ferramentas que serão utilizadas).
- Grupos: também definido pelo professor indica as partes que ficarão disponíveis e poderão ser visualizadas na tela apenas por grupos predefinidos de alunos.
- Usuário: um espaço individual que pode ser criado pelo próprio aluno para registro e postagem de informações que ele deseja que sejam de uso pessoal, restrito aos demais participantes do curso (colegas ou professor).

- **Avaliações/Assignment** – Permite que o professor comente ou dê notas para as tarefas e postagens feitas on-line (ambos conectados ao mesmo tempo) ou off-line (quando a publicação e o acesso não são feitos ao mesmo tempo) .
- **Atividades/Activities** – É uma parte dedicada para trocas interativas que visam à aprendizagem dos alunos ao longo do curso. O professor pode acrescentar atividades através do menu que ele encontra quando ativa o modo editar.
- **Material de Apoio/Folder** – O *material de apoio* permite que o professor disponibilize vários materiais do curso. Esses materiais podem ser publicados todos de uma vez, como um arquivo condensado (zipped) que depois é expandido (unzipped), ou cada material pode ser publicado individualmente em uma pasta vazia disponibilizada na página do curso.
- **Leituras/File** – Esse recurso é previsto para que o professor possa publicar arquivos simples como documentos em Word ou apresentação de slides que deseja compartilhar com seus alunos.
- **Perguntas Frequentes** – Contém a relação das perguntas realizadas com maior frequência durante o curso e suas respectivas respostas.
- **Exercícios** – Ferramenta para criação/edição e gerenciamento de exercícios com
    - **questões dissertativas/ essay**
    - **múltipla escolha**

- associação de colunas
- verdadeiro ou falso
- questões de respostas curtas – Nas questões de respostas curtas, o aluno pode digitar uma palavra ou frase (ou incluir uma imagem) que responda à pergunta. As respostas previstas podem ser uma palavra ou frase, mas precisam ter uma correspondência exata com a resposta prevista. É mais produtivo pensar-se em respostas curtas pois isso evita que o sistema não reconheça respostas corretas devido ao fato de terem sido redigidas de uma forma diferente.
- respostas encaixadas (cloze) – Permitem questões centradas em um trecho de texto (em um formato do ambiente Moodle) que tem várias respostas encaixadas dentro dele, inclusive respostas de múltipla escolha, respostas curtas e respostas numéricas. Na versão 2011, não há uma interface gráfica para criar-se essas questões. O professor precisa especificar o formato da questão usando a caixa de texto ou através da importação de arquivos externos. Muitos usuários sugerem o uso do programa **Hot Potatoes** (<http://hotpot.uvic.ca>) como sendo a forma mais fácil de se criar questões encaixadas. Uma vez criadas as questões no computador pessoal do professor, ele pode importá-las para o módulo *Moodle's quiz*.
- **Numérica/numerical** – Na perspectiva do aluno, uma questão numérica é semelhante a uma resposta curta. A diferença é que respostas numéricas permitem a aceitação de erros considerados aceitáveis. Isso permite uma escala de respostas. Por exemplo, se a resposta é 30 e na escala de erro for estabelecida uma margem de 5, então as respostas 25, 30 e 35 serão todas aceitas como sendo corretas.
- **Questões calculadas/Calculated questions** – Elas permitem uma alternativa para a criação de questões nu-

méricas individuais através do uso de cartas coringas (por exemplo, {x} , {y}) que são substituídas por valores aleatórios quando as questões forem respondidas. Por exemplo, se o professor deseja criar um número grande como os gerados em um problema como "Calcule a área de um retângulo" para testar seus alunos, ele poderia criar uma questão com duas cartas coringas ({base}, {altura}) e colocar que a "Fórmula para a resposta =" campo do dado de insumo {base} * {altura} (* representando o sinal de multiplicação).

- **Enquetes/Survey** – Tem o objetivo de coletar dados fornecidos pelos estudantes de modo a auxiliar os professores a conhecer sua classe e refletir sobre sua forma de ensinar.
- **Wiki** – É uma coleção de documentos digitais criados de forma colaborativa. Basicamente uma página wiki é uma página da internet na qual todos os membros de uma classe podem criar juntos, diretamente na ferramenta, sem ter que conhecer a linguagem HTML. Uma wiki tem uma página de entrada. Cada autor acrescenta outras páginas wiki através da criação de links para uma nova página que ainda não existe.
- **Ferramentas Externas/External Tool** – Permitem aos usuários do Moodle interagir com outros recursos e atividades publicadas em outros sites da rede. Por exemplo, uma ferramenta externa pode permitir o acesso a um novo tipo de atividade ou material de aprendizagem cujo autor da publicação on-line deixou para consulta gratuita.
- **Fóruns de Discussão/ Forum** – permite aos participantes realizar discussões assíncronas.
- **Bate-Papo/Chat** – Permite discussões síncronas realizadas em tempo real.
- **Correio/Messages** – O bloco de mensagens mostra a lista de novas mensagens que o usuário recebeu com um link para sua janela de Mensagens para facilitar a resposta.

- **Grupos** – No desenvolvimento do curso, o professor pode inscrever um usuário para participar em um (ou mais de um) grupo. Basicamente, em um curso o professor pode definir um contexto (atividade) para o grupo. Quando membros de um grupo abandonam o curso eles perdem seu vínculo com o grupo para o qual foram designados.

- **Importação de Grupos/Import Groups** – A importação de grupos oferece uma forma simples de criar grupos a partir de uma planilha (CSV).

- **Agrupamentos/Grouping** – Uma coleção de grupos. Se o professor tem 10 grupos, ele pode combinar, misturar ou juntar os grupos menores em dois ou mais grupos. Ele pode designar para um agrupamento a tarefa de lidar com um contexto específico.

- **Bando/Cohorts** – No nível do site, o professor pode designar um usuário a um grupo. Bandos são usados no processo de inscrição. O professor pode inscrever um bando em um ou mais cursos. O bando perde sua identidade quando os indivíduos entram no contexto de um curso, mas ganha sua identidade de volta quando eles deixam o curso.

- **Perfil/People** – Essa ferramenta contém um link para a lista de participantes do curso. Os perfis dos participantes são acessíveis clicando sobre seus nomes ou fotos. Essa lista pode ser organizada pelo primeiro nome, sobrenome, cidade, país e último acesso. Há um menu que pode ser baixado e que pode filtrar a lista de perfis de acordo com os papel desempenhado pelos usuários participantes (tutores, alunos).

- **Diário de Bordo** – Como o nome sugere, trata-se de um espaço reservado para que cada um possa registrar suas experiências ao longo de sua participação no curso: sucessos, dificuldades, dúvidas, anseios, visando proporcionar meios que desencadeiem um processo reflexivo a respeito do seu processo de aprendizagem. As anotações pessoais podem ser compartilhadas ou não com os demais. Em caso positivo, podem ser lidas e/

ou comentadas pelas outras pessoas, servindo também como um outro meio de comunicação.

- **Portfólio** – Essa ferramenta torna mais fácil para os estudantes exportar seus trabalhos para um portfolio externo. Por exemplo, o trabalho do aluno pode incluir postagens em um fórum ou a submissão de tarefas nas quais eles acreditam ter demonstrado seu conhecimento sobre as questões sendo estudadas.
- **Últimas Notícias/Latest News** – Postagens recentes feitas no fórum de notícias são disponibilizadas no bloco *últimas notícias*, junto com um link que dá acesso para as notícias antigas (no ambiente TelEduc, quando há postagens novas aparece um asterisco (*) ao lado do menu da página principal).
- **Usuário On-line/Online Users** – Mostra uma lista de usuários que estão conectados (on-line) no curso em um determinado momento. A lista é atualizada a cada 5 minutos, mas isso pode ser alterado, como especificado mais abaixo.
- **Acessos** – Permite acompanhar a frequência de acesso dos usuários ao curso e às suas ferramentas.
- **Configurar** – Apresenta um conjunto de **possibilidades** para alterar a aparência e recursos que são padrão no ambiente Moodle, como:
- **Aparência do Site/Site Appearance** – Há vários caminhos para personalizar (customizar) a aparência do Moodle de modo a torná-la mais parecida com a página da escola ou na direção desejada pelo professor. Os links que se seguem mostram formas de personalizar a aparência das páginas de um curso ou disciplina oferecida no Moodle:
  - **Página principal/Front Page** – define a melhor maneira de disponibilizar a entrada na página no Moodle.
  - **Meu Moodle/My Moodle** – personaliza a página do painel de ferramentas dede cada usuário.
  - **Navegação/Navigation** – controla como os usuários precisam se orientar no Moodle.

- **Lista do Curso/Course list** – controla quem vai aparecer nas listas dos cursos.
- **Temas/Themes** – troca a "pele" do Moodle para o site como um todo ou para sessões específicas.
- **Barra superior e inferior/Header and footer** – adiciona informações na área superior e inferior do seu Moodle.

As ferramentas descritas a seguir são de uso exclusivo dos formadores e do coordenador do curso:

- **Administração** – Permite gerenciar as ferramentas do curso, as pessoas que participam do curso e ainda alterar dados do curso. As funcionalidades disponibilizadas dentro de Administração são:
  - Visualizar / Alterar Dados e Cronograma do Curso
  - Escolher e Destacar Ferramentas do Curso
  - Inscrever Alunos e Formadores
  - Gerenciamento de Inscrições, Alunos e Formadores
  - Alterar Nomenclatura do Coordenador
  - Enviar Senha
- **Suporte** – Permite aos formadores entrar em contato com o suporte.

Um exemplo prático de uso das plataformas descritas

Imaginemos a existência de um projeto interdisciplinar focado no problema do lixo que está sendo jogado em um córrego que passa por uma determinada comunidade da periferia. Diferentes perspectivas relativas à saúde, ao meio ambiente, por exemplo, já foram debatidas por professores das áreas específicas (Química, Física, Geografia, por exemplo). Coube ao professor de Português motivar os alunos a socializarem os conhecimentos adquiridos com sua comunidade de modo a incentivar →

mudanças e também reivindicar ações do poder público para a solução dos problemas identificados. Isso implicaria textos a serem veiculados para diferentes audiências. A título de sugestão, o professor poderia, em uma situação desse tipo, escrever um pequeno texto, ou procurar textos que discutam a questão de interlocução na internet. Esses textos poderiam ser disponibilizados para os alunos no link *leituras*. O professor poderia explorar a *parada obrigatória* para levar seus alunos a refletirem sobre a natureza dos diferentes públicos que serão o alvo das interações previstas. Na internet, sites como o *Supletivo em Rede* (http://readinweb.iel.unicamp.br/supletivo) oferecem propostas de exercícios que podem ser incorporados ao ambiente pelo professor ou servir como uma referência inicial para a criação de outros exercícios que despertem no aluno a consciência de que o sucesso da comunicação passa pelo crivo da adequação das suas escolhas linguísticas. Plataformas mais robustas, como a do Moodle, permitem que o professor explore materiais hipermídia e multimídia (como os vídeos disponibilizados no Youtube), que podem ser explorados para ilustrar diferentes questões sobre variação linguística. Tendo como meta a questão de escrever textos para audiências diversas, a classe poderá ser dividida em pequenos grupos cada um responsável pela produção de um texto para um tipo de público preestabelecido. Em classes muito grandes, é possível pensarmos em mais de um grupo construindo textos para um mesmo grupo de leitores-alvo. Posteriormente o professor poderá pedir que grupos com tarefas semelhantes comparem os resultados, discutam a adequação do texto proposto e reescrevam um documento único, levando em consideração as questões levantadas nas discussões coletivas. Pode-se também solicitar que um grupo julgue a produção de outro grupo que desenvolveu uma tarefa diferente da sua.

Nesse tipo de atividade, os alunos podem ser avaliados pela produção do seu grupo e pela avaliação que fizerem da produção dos colegas de outro grupo. Depois de concluído o trabalho, o professor terá diferentes textos construídos em diferentes gêneros e graus de formalidade que podem efetivamente ser enviados para diferentes tipos de audiência (secretarias municipais, ONGs, colegas e amigos da mesma faixa etária, pais, associações de bairro, entre outras). Em cima desses textos e tendo como referência práticas de letramento concretas, o professor poderá refletir com a turma sobre o tema da adequação da linguagem a diferentes situações de uso. A meta de circulação real dos textos torna a produção dos alunos uma prática de letramento e não apenas um exercício escolar. Adicionalmente, essa pode ser uma forma produtiva de aproximar a escola da comunidade.

É importante ressaltar que sempre que a atividade envolva gêneros e práticas comunicativas diferentes daqueles com que o aluno convive em seu cotidiano familiar (e-mails, cartas, abaixo-assinados mais formais, por exemplo), é essencial que o professor apresente textos que sejam exemplos ilustrativos de uso. Sem algum tipo de referência prévia, os alunos não têm condição de tentar reproduzir ou de avaliar a adequação das escolhas linguísticas em gêneros que não lhes são familiares. Em contraste, o trabalho feito pelos alunos na construção de textos que têm como público leitor alvo membros da sua comunidade de origem pode permitir que o professor venha a ter contato com usos mais locais de língua e passe a ter noções mais claras sobre alguns referentes culturais de seus alunos. A proposta feita está considerando práticas que sejam híbridas. Mais especificamente, ela contempla interações presenciais e também as virtuais mediadas por um AVA. O registro das produções nesse ambiente facilita as trocas coletivas previstas para esse tipo de atividade e os exemplos escritos também oferecem referências concretas que favorecem as reflexões que o professor pode conduzir sobre a adequação de escolhas linguísticas para situações específicas de uso.

2 AMBIENTES E FERRAMENTAS DA INTERNET INCORPORADOS ÀS PRÁTICAS DE ENSINO

Assim como o uso feito pelos docentes das ferramentas disponibilizadas pelos AVAs, nem sempre são fiéis às funções que foram originalmente previstas pelos programadores e descritas nos tutoriais, é fácil constatar que muitos usuários tendem a explorar os diferentes ambientes oferecidos na rede com funções nem sempre previstas pelos seus criadores. Isso é, na realidade, um fenômeno comum observado no uso dos recursos da internet. O ambiente blog ilustra bem essa tendência. Inicialmente concebido como um espaço para hospedar e divulgar diários pessoais no meio virtual, o blog foi logo apropriado por usuários, jovens e adolescentes. No entanto, em um espaço muito curto de tempo outros usuários passaram a usar esse ambiente com objetivos comunicativos bastante diversos: blogs temáticos (viagens, comida, filosofia, dicas de artesanato, entre outros) ou blogs centrados em pessoas de destaque (artistas, jornalistas, pessoas que ganharam destaque na mídia ou na própria internet). A função e público alvo previsto para cada blog, por sua vez, determinam seu formato e também a natureza dos gêneros discursivos que eles privilegiam. Um dos usos dos blogs que tem crescido significativamente nos últimos tempos é o educacional. Isso tem ocorrido não só com o blog, mas também com outros ambientes que, embora não tenham sido criados para as práticas de ensino, foram gradativamente sendo incorporados à escola. Nelson Preto explica de forma clara esse processo de apropriação com fins educacionais quando coloca que "As novas tecnologias não são educacionais. São informacionais e comunicacionais. Nós é que pomos pedagogias nelas".

Não tendo a estrutura mais tradicional dos AVAs, os ambientes interativos virtuais, em geral, acabam sendo mais flexíveis e instigam a produção de atividades mais distantes do modelo escolar tradicional. O tipo de atividade possível vai certamente depender dos recursos oferecidos pelo ambiente ou ferramenta adotados. As sessões que seguem refletem de modo geral sobre essa questão, explicitando alguns recursos que podem auxiliar o ensino de línguas e as práticas pedagógicas de um modo mais geral.

O blog em atividades de projetos interdisciplinares

A atividade pedagógica proposta parte de um problema comum para formandos no ensino médio: angariar fundos para a festa de formatura. É fácil pensar que a mesma atividade possa ser adaptada para outras iniciativas que envolvam angariar fundos: para uma ONG da qual os alunos participam, para benfeitorias no bairro, para obras nos centros comunitários do bairro, só para mencionar algumas[21]. Sendo um problema que certamente envolverá múltiplas tarefas, é importante que a turma seja subdividida em grupos e que se nomeiem responsáveis pelo gerenciamento das atividades a serem desenvolvidas em cada grupo (o líder de grupo). É recomendável que essa posição de liderança circule entre os membros do grupo durante o projeto para evitar uma centralização de poder que tende a acontecer nesse tipo de atividade coletiva.

O grupo de alunos terá inicialmente que idealizar uma fonte de lucro (produtos de interesse na comunidade, festas ou outras atividades que possam ter um fim lucrativo). Para evitar prejuízos, os alunos terão que ser ensinados como fazer uma enquete prévia, na escola, na comunidade, de forma a avaliar de forma mais realista seu "mercado potencial". Isso pode ser feito de forma não virtual ou através de uma pesquisa nas redes sociais que contam com a participação de membros da es-

21 A ideia do uso de blogs na escola com a finalidade de angariar fundos para uma festa de formatura foi originalmente concebida por Karen Tank Mercuri Macedo (especialista na área de Teorias Linguísticas e Ensino), a quem conferimos o crédito.

→

cola ou da comunidade. Essa parte da pesquisa poderá contar com a participação da área de Geografia, que pode contribuir para um levantamento socioeconômico da comunidade e também para um levantamento sobre os valores mais acessíveis a esse grupo e sobre onde podem adquirir os produtos alvo da campanha (para avaliar a possibilidade de competitividade).

O professor de Português e o de Arte ficarão responsáveis pela divulgação da campanha de levantamento de fundos tornada pública através de um blog. Ambos os professores trabalham com o gênero propaganda (para divulgar diferentes produtos on-line), o que pode motivar uma reflexão crítica sobre o caráter persuasivo marcado na linguagem e nas imagens da propaganda. A produção das imagens (fotos, processo de edição) e a relação entre imagens e textos verbais também podem ficar melhor se trabalhadas nesse tipo de parceria docente. Talvez o assunto da propaganda também pudesse estimular leituras sobre o direito do consumidor, explorando textos que circulam na internet.

Nesse projeto o professor de História poderia refletir sobre capitalismo, e-commerce e compras coletivas que barateiam o custo final de produtos. Locais que tornam possível compra de produtos a custos mais acessíveis para revenda possivelmente terão que ser considerados.

O professor de Matemática teria um problema prático bastante concreto para explorar: cálculos envolvidos na definição de preços para produtos – preço de compra e venda, lucro desejado, possibilidades ou não de descontos para compras em maior volume, preço mínimo e máximo calculando as metas previstas para o levantamento de fundos.

Para facilitar essa atividade, pode-se pensar na criação de dois blogs. Um blog educacional para registro das reflexões e discussões acadêmicas efetuadas nas diferentes áreas – que podem ser consultadas a qualquer momento por docentes e alunos – e um blog específico para a campanha de angariação de fundos, esse de acesso público e cujo link de acesso pode ser divulgado nas comunidades virtuais.

Um produto educativo dessa atividade é conscientizar os alunos, principalmente aqueles que pertencem a meios economicamente desprivilegiados, que há formas e caminhos mais coletivos de compra que podem minimizar gastos e melhorar a economia doméstica.

2.1 Dicionários on-line

Dicionários sempre foram usados na busca do sentido de palavras desconhecidas, ampliando assim o domínio lexical dos indivíduos; ou, então, eram consultados para a verificação da ortografia das palavras, tanto em língua materna como em segunda língua ou língua estrangeira. Em relação às normas ortográficas, os editores de texto atuais oferecem o recurso de sublinhar em vermelho as palavras cuja grafia eles não reconhecem. Em geral, esse pode ser um apoio muito útil, que facilita o processo de correção ortográfica ao salientar os erros de digitação. Os recursos digitais agilizam as consultas que visam verificar o sentido de determinadas palavras. Dicionários impressos podem até ser preferidos por docentes já habituados com o seu uso, mas a consulta a esse tipo de material não é um processo simples e tem limites nem sempre abertamente reconhecidos. Em primeiro lugar, a consulta a dicionários sempre demandou o desenvolvimento de uma série de estratégias específicas: buscar a palavra desejada seguindo uma ordem alfabética (primeira letra e letras consecutivas) e agilizar a localização dessa palavra, prestando atenção ao item lexical colocado em destaque no canto direito da página. Como a consulta a dicionários sempre demanda um certo tempo, isso leva o indivíduo a interromper momentaneamente a atividade em curso (produção textual ou leitura). Essa interrupção pode ser maior na consulta a dicionários mais completos, que são pesados e de difícil manuseio. Devemos também levar em conta a questão de acesso: dicionários impressos são de difícil aquisição dado o seu custo elevado, são volumosos e nem sempre temos um disponível nas diferentes situações e lugares nos quais surgem dúvidas de natureza lexical.

Os dicionários digitais vieram resolver muitos dos problemas ressaltados. A consulta é extremamente rápida: digitada a palavra o usuário tem acesso imediato ao verbete, sem a necessidade das antigas estratégias de consulta por ordem alfabética. Alguns dicionários inclusive oferecem opções alternativas caso a palavra tenha sido digitada de uma forma incorreta, o que pode às vezes facilitar a localização de palavras cuja ortografia seja desconhecida. Essas facilidades de consulta talvez expliquem por que alguns dos dicionários mais tradicionais já sejam vendidos com a cópia digital acoplada à impressa. Mas a grande vantagem dos dicionários disponibilizados on-line é certamente a possibilidade de consulta simultânea a mais de uma fonte. Na rede, além de vários tipos de dicionários, há mais de uma opção de escolha para cada tipo – dicionários monolíngues (em várias línguas), bilíngues, técnicos, dicionários de sinônimos, entre outros. Muitos desses dicionários são de acesso gratuito.

Os recursos digitais também estão começando a ser explorados para a criação de uma forma de apresentação inovadora do verbete que pode vir, no futuro, a mudar significativamente o formato dos dicionários. A título de exemplo, em língua inglesa, já encontramos tentativas de produção de dicionários que vão além da descrição linear do verbete e buscam explorar os links digitais de forma a oferecer ao usuário a palavra inserida dentro de uma rede semântica complexa. Um exemplo ilustrativo dessa concepção inovadora de dicionário pode ser encontrada no seguinte endereço: <http://www.visuwords.com>.

Segue também a indicação de endereços de alguma das muitas possibilidades existentes de dicionários on-line de acesso gratuito:

<http://dictionary.cambridge.org/>
<http://aulete.uol.com.br/>
<http://www.priberam.pt/dlpo>
<http://dicionario.babylon.com/>

Possíveis aplicações práticas dos dicionários on-line

O uso de dicionários on-line pode ser explorado como um recurso facilitador em situações de leitura on-line. Ele permite que o aluno leia textos mais complexos (que em geral demandam um domínio lexical mais amplo) relacionados a assuntos de seu interesse. Eles podem, é claro, também auxiliar na leitura de textos impressos, mas o fato de o texto e o dicionário estarem em meios diferentes pode tornar a consul-

→

ta menos ágil. Estando ambos no mesmo meio, a rapidez da checagem do sentido lexical permite que a tarefa de leitura e produção em curso sofra menos interrupção. Isso pode favorecer o estabelecimento de uma relação mais estreita entre o sentido da palavra consultada e o contexto de uso ao qual ela está vinculada, o que pode facilitar e beneficiar o processo de aquisição lexical durante a realização de diferentes atividades comunicativas.

Cabe certamente ao professor orientar seus alunos para o uso desse tipo de material de apoio linguístico ou conceitual. O aluno precisa, a título de exemplo, aprender critérios para identificar qual dos sentidos do verbete é adequado para o contexto, já que esse é um passo determinante para definir o uso de todo e qualquer dicionário.

Uma prática possível seria sugerir que os alunos procurassem na internet sites ou outras publicações voltadas a um tema de seu interesse (futebol, bandas preferidas, corridas automobilísticas, ídolos, possibilidades de lazer, maquiagem, drogas, violência urbana, entre outros). O aluno teria que ler essas matérias, destacar as palavras que não conhecem (salientando com marca textos digitais, anotando as palavras em um arquivo Word aberto e minimizado ou até mesmo anotando no papel). Ele teria que primeiro indicar o que acha que a palavra significa (isso ajuda a desenvolver a sua capacidade de inferência lexical em contexto). O uso do dicionário on-line entra como um meio de verificar o sentido contextualmente adequado para o item lexical selecionado. Essa atividade pode ser feita com dicionários impressos, mas ela é muito mais fácil de ser realizada com dicionários digitais justamente pela agilidade de consulta que eles oferecem. Poderíamos conceber também que dicionários on-line facilitem o processo de produção textual dos alunos. Nesse caso, a consulta rápida é certamente um estímulo a mais para o uso desse tipo de material. A consulta simultânea a mais de um dicionário é também uma vantagem a ser mencionada, já que pode expor o aluno não só a diferentes versões de um determinado verbete, como também a um conjunto distinto de sentenças que ilustram o uso da palavra consultada dentro de enunciados possíveis.

2.2 Tradutores automáticos no ensino de língua estrangeira

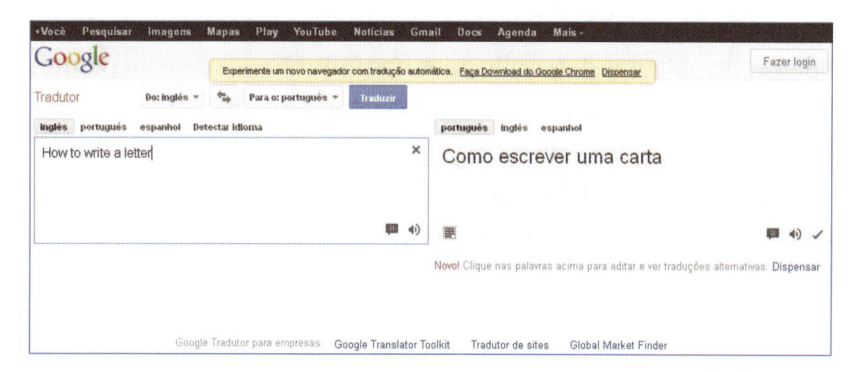

Ao contrário dos dicionários, que podem também ser consultados na forma impressa, os tradutores automáticos só existem no formato digital. Isso já explicaria o fato de eles não terem sido explorados nas práticas escolares. No entanto, há uma questão adicional: em geral esses tradutores são avaliados como uma fonte de problemas pelos professores de línguas. Alguns alunos fazem uso dessas ferramentas para "facilitar" a execução de atividades extraclasse e, como resultado, algumas tarefas entregues para o professor apresentam trechos com sentidos bizarros. É fato que traduções literais tendem a ser problemáticas devido às sérias limitações que os tradutores automáticos têm para interpretação de contexto, uma etapa central para identificação de qual palavra ou construção sintática do português ou de uma língua estrangeira melhor traduz o sentido. Basta comparar o mesmo verbete em dicionários bilíngues para constatar que os sentidos possíveis de uma mesma palavra mudam significativamente de uma língua para outra.

Mas, como ocorre com todo recurso técnico, temos que ter em mente que os tradutores automáticos não são em si bons ou maus. Tudo depende do uso que fazemos deles. Por essa razão, em vez de serem simplesmente descartados como fonte de problemas na aula de língua estrangeira, é melhor encontrarmos caminhos que possam levar os alunos a perceberem seu potencial real e desenvolverem estratégias que lhes permitam avaliar os resultados obtidos como, por exemplo, identificar enunciados com sentido estranho, checar em dicionários bilíngues as possibilidades de palavras desconhecidas na tradução e assim por diante. Para aprendizes novatos, às vezes a avaliação do próprio professor pode ser um passo necessário, já que as dúvidas podem ser numerosas. O professor pode ajudar em parte e mandar o aluno resolver os demais problemas consultando os dicionários na rede. Tomados esses cuidados, as traduções automáticas podem oferecer um apoio parcial que talvez seja útil para viabilizar a realização de certas atividades de leitura e produção textual que sejam mais complexas do que aquelas que poderiam ser realizadas levando-se em conta o domínio precário da língua que o aprendiz possui.

É possível aventarmos que nas atividades de leitura isso pode ser mais bem-sucedido, pois o aluno consegue identificar mais facilmente enunciados estranhos, que não fazem sentido em si ou mesmo no contexto mais amplo do texto, percebendo mais claramente os problemas no processo tradutório. Nas atividades de produção na língua-alvo, esse tipo de controle depende do outro (professor, colega, ou interlocutor virtual), que pode avaliar o texto produzido pelo aprendiz e indicar pontos onde há falhas na comunicação. O interessante é que os conflitos comunicativos podem dar maior saliência às normas empregadas de forma equivocada e, sendo fruto de uma necessidade gerada no contexto de uma comunicação real, pode (no caso de interações com comunidades ou indivíduos no meio virtual) fazer com que o aprendiz se torne mais alerta para as especificidades das normas do sistema linguístico que está adquirindo.

Resumindo, os tradutores automáticos, com todas as suas limitações, podem ser mais uma das ferramentas das quais o aluno pode dispor nas diferentes experiências de imersão linguística virtual, seja como um meio de facilitar a leitura de materiais publicados na língua alvo, seja possibilitando a participação do aprendiz em comunidades virtuais. Essa participação pode ser passiva em um momento inicial, na qual o leitor acompanha como espectador determinadas discussões em comunidades temáticas de seu interesse. Ela pode também ser mais ativa, e, nesse caso, o aprendiz alterna os papéis de leitor e produtor de textos, seja registrando sua opinião ou compartilhando as informações que ele tem sobre determinados temas em discussão. Em ambas as possibilidades, as traduções inadequadas podem ser exploradas como ponto de partida para as reflexões sobre questões linguísticas e culturais. O desejo de entender e de ser entendido pode ser um retorno mais significativo e motivador para o aluno do que as notas que o professor atribuiu a diferentes tipos de desempenhos escolares.

Essas sugestões estão diretamente relacionadas a uma questão mais ampla que afeta os professores de língua em geral, mas é evidente no caso do ensino de língua estrangeira. Para professores de língua estrangeira, uma das grandes vantagens trazidas pela internet foi a possibilidade de o aluno usar a língua que está aprendendo de modo a automatizar o conhecimento linguístico ao qual está sendo exposto em sala de aula. Tal prática tendia a ser restrita às atividades pedagógicas ou a usos, muitas vezes artificiais, realizados em sala de aula. A internet, ao quebrar as barreiras de espaço e tempo, democratiza o acesso a situações de comunicação real, abrindo espaço para mudanças bastante significativas. Hoje, o aprendiz pode efetivamente visitar sites e blogs na língua alvo, e até mesmo circular por comunidades virtuais nas quais a língua alvo media a interação entre os participantes. Essas práticas no mundo virtual podem tanto ocorrer por iniciativa do aluno, como também serem instigadas pelo docente.

Nessas experiências, os erros que geram as falhas de comunicação são os fatores que justificam reflexões explícitas sobre a língua alvo e não um programa predefinido para a disciplina. Fora do contexto pedagógico, em situações concretas de imersão linguística, sabemos que a necessidade e a oportunidade de uso, assim como os conflitos comunicativos, são os principais fatores que aceleram o processo de aquisição de língua.

A internet torna possível uma imersão linguística virtual. Nesse contexto o apoio de tradutores, assim como de outros materiais de apoio on-line (dicionários, gramáticas), pode ser importante para que o aluno principiante circule por sites e comunidades focados em temas de seu interesse, criados por falantes nativos e que estão muito acima do seu domínio real da língua estudada. Esse contato com a língua alvo, mesmo que restrito às habilidades de recepção linguística, não deixa de ser uma forma de acesso a situações da língua em uso e pode ter uma função pedagógica interessante, desde que o aluno seja ensinado a monitorar o sentido global do texto lido e a identificar os trechos em que as versões são incoerentes (caso esteja fazendo uso de tradutor automático). Ao identificar problemas tradutórios, o aluno pode consultar dicionários bilíngues, ou pedir auxílio aos colegas e ao professor, já que nem sempre os problemas de tradução são gerados no nível lexical. É possível prever que, explorados dessa forma, os tradutores automáticos podem ser um estímulo para um contato maior com insumos da língua estudada. Sendo uma experiência com textos autênticos em situações reais de uso, mesmo que com limites, esse caminho pode talvez gerar resultados mais positivos em termos de aquisição linguística do que a exposição a alguns textos simplificados com finalidade escolar. Vendo por esse prisma, os tradutores automáticos perdem o estigma de "vilões" e podem ser considerados como mais uma das ferramentas a serem criativamente exploradas no ensino de línguas. Existem vários tradutores disponíveis gratuitamente na rede. Seguem algumas indicações:

<http://babylon.com>

\<http://br.babelfish.yahoo.com/\>
\<http://translate.google.com.br/\>
\<http://www.bussolaescolar.com.br/tradutor.htl\>

Uma possível aplicação prática

Uma experiência interessante que envolveu alunos aprendizes principiantes na área de língua inglesa foi descrita em uma pesquisa de mestrado realizada por Hatugai (2006). Nesse estudo, o pesquisador/professor relata que entrou em contato com uma docente de língua inglesa na Polônia (o que pode ser feito através das listas de discussões e comunidades virtuais de professores de línguas que circulam na internet). Feito esse contato inicial, os docentes colocaram seus alunos para interagirem entre si usando como língua de contato o inglês que estavam estudando. Essa experiência indicou que perguntas mais específicas sobre a vida dos aprendizes surgiram de forma natural e o vocabulário e a estrutura da língua foram trabalhados pelo professor para resolver problemas concretos de interação e comunicação. Essa iniciativa serviu também para ampliar o referencial cultural dos alunos já que permitiu que eles tivessem um contato real com uma outra cultura através do uso de inglês como língua franca. Como os dois grupos de alunos eram aprendizes da língua alvo e as estruturas e vocabulários explorados eram bastante simples, houve uma facilitação da interação. Na época em que foi realizada a pesquisa, os tradutores on-line ainda não estavam disponíveis ou não apresentavam o grau de sofisticação dos dias atuais. Mesmo assim, esse grupo de alunos interagiu, trocou informações, fotos deles mesmos e de sua comunidade de origem. Poderíamos conjecturar que se essa mesma experiência fosse reproduzida hoje, os alunos teriam mais autonomia, consultariam tradutores automáticos, dicionários e verificariam

→

com o professor a adequação de suas interpretações dos textos recebidos e o sentido dos textos que eles mesmos produziriam.

Uma possível aplicação prática contanto com desenvolvimentos futuros

Para professores que gostam dos desafios colocados pela exploração de recursos do meio digital fica uma sugestão de recursos que ainda estão sendo testados no momento da produção deste volume. Essa alternativa poderá ampliar e tornar mais interessante o uso de traduções automáticas na língua de aula estrangeira (na linha já proposta) e poderá também ser útil para professores que têm interesse de explorar vídeos educativos produzidos em língua estrangeira. No primeiro semestre de 2012, o Google acoplou a alguns vídeos do Youtube uma *ferramenta beta*, isto é, uma ferramenta que ainda está em fase de criação e teste. Esse recurso técnico permite a conversão de voz em texto (a criação automática de legendas). Há também no próprio Youtube a possibilidade de fazer versões do texto da legenda para várias línguas (conversão de texto para texto).

No caso do ensino de línguas estrangeiras, o professor poderá procurar no Youtube um vídeo cuja temática seja do interesse dos alunos e que possa gerar discussão em sala de aula. As ferramentas que permitem as conversões podem ser localizadas na parte inferior dos vídeos do Youtube (há um pequeno ícone em vermelho [CC]). Pensando no uso pedagógico desse recurso, vídeos legendados na língua-alvo podem ser interessantes para alunos mais proficientes. A legenda pode ser um recurso que auxilia a recepção do insumo linguístico. Ela facilita a identificação das palavras no texto, uma grande dificuldade que os aprendizes enfrentam na recepção de textos orais. Devido à velocidade do fluxo da fala, as palavras são pronunciadas de forma aglutinada. Já na escrita, o espaço em branco deixa claro o limite entre itens lexicais. Ou seja, ouvir e ler, simultaneamente, um enunciado é um apoio compensatório que pode permitir a interação dos alunos com textos linguisticamente mais complexos. Para alunos ainda menos proficientes, a leitura da legenda na língua alvo pode ainda estar acima de seu nível de competência. Nesse caso, a versão da legenda é útil para entender o enunciado oral e também para o trabalho linguístico com versões inadequadas. O professor, ao usar vídeos, torna esse trabalho mais interessante. Nos vídeos as informações sobre o tema são veiculadas também pela imagem (linguagem visual) e isso oferece mais pistas para a interpretação do texto ou percepção de incoerências tradutórias. Esse contexto mais rico de sentidos pode também auxiliar a aquisição lexical e de normas linguísticas ainda desconhecidas pelos alunos (é uma das alternativas para ensino de língua em contexto de uso).

Para professores das áreas específicas de conhecimento, essa nova ferramenta pode vir a ampliar o uso escolar de vídeos em língua estrangeira produzidos com finalidade educativa ou não. Isso implica em uma gama muito maior de possibilidades de escolhas para o professor. Há muitos vídeos interessantes que podem ilustrar ou explicitamente discutir questões do dia a dia a partir da perspectiva de determinados conceitos acadêmicos. O uso de material multimídia em práticas de ensino tem obtido efeitos muito positivos, principalmente para aprendizes principiantes em áreas específicas de conhecimento.

Uma parte um pouco mais complexa em termos de letramento digital do professor é a gravação dos vídeos legendados para uso futuro em sala de aula. Isso demanda o uso de um programa que permita a captura da tela (um processo de familiarização que demanda mais espírito de aventura). Mas não é uma barreira que um professor desbravador não consiga superar. Uma das alternativas nessa direção seria o *Free Screen Video Capture da Topviewsoft*.

2.3 Twitter

O nome deste ambiente, Twitter (que significa trinado), é uma associação com a comunicação de pássaros. Este ambiente foi originalmente concebido com a função de viabilizar comunicações rápidas e triviais (como as mensagens de textos que enviamos pelo celular). Por isso, o Twitter limita o espaço das mensagens em 140 caracteres. Tal limite exige que a interação nesse ambiente se processe através de textos objetivos, que transmitam o máximo de conteúdo com esse número restrito de caracteres. A descrição do ambiente abaixo ilustra algumas possibilidades de uso. Como ocorreu com vários ambientes da internet, seus usos e funções foram ampliados e adaptados às necessidades de diferentes usuários. Hoje, o *Twitter*[22] permite a realização de uma gama bastante ampla de práticas de letramento entre as quais estão: acompanhar

22 Um trabalho recente sobre as funções textuais possibilitadas por essa ferramenta é o de Lilian Mara Dal Cin dos Santos, *O pio do pássaro: uma análise das funções prototípicas do Tweet*, defendido em 2012, no Instituto de Estudos da Linguagem da Universidade Estadual de Campinas.

usuários (famosos ou não), seguir a discussão de assuntos específicos, ou até mesmo indicações de links com objetivos específicos como, por exemplo, acesso a sites que divulgam determinados perfis de emprego. A agilidade da comunicação propiciada por esse ambiente vai ao encontro do ritmo acelerado de trocas que caracteriza a época atual e a dinâmica das comunidades virtuais.

Recursos oferecidos pelo Twitter

- **Retweet** – Tem a função de divulgar para outros usuários determinadas mensagens recebidas. Em termos de função podemos estabelecer um paralelo entre o *retweet* e a função *encaminhar* (ou *forward*) que já usamos em nossos e-mails. Sempre que esse recurso é usado, a marca "RT" aparece em negrito no início da mensagem marcando que o texto está sendo "retweetado".
- **Twitter List** – Permite aos usuários se agrupem em listas de interesses compartilhadas. Isso amplia exponencialmente as trocas de informações, já que as mensagens destinadas a um membro da lista acelera o processo de divulgação, uma vez que as mensagens postadas para um usuário que é membro da lista passa a ser compartilhada com todos os membros do grupo.
- **Trending Topics** – Além do agrupamento de indivíduos em grupos, o tweeter permite filtrar e destacar os tópicos que estão sendo recorrentes nas discussões das diferentes listas. Identificado pelas iniciais da categoria (TT) a lista dos "trending topics" (*tópicos em moda*) é atualizada em tempo real e leva em consideração usuários do mundo todo. Para restringir o campo de consulta, o ambiente permite que o usuário recorra a filtros diversos, inclusive os de natureza geográfica e temporal. É possível, por exemplo, investigar os assuntos que estão sendo mais comentados no Brasil ou só em São Paulo em um dia da semana, ou os que foram abordados em um dia da semana passada.
- **API** – Além desses recursos, parte da popularidade alcançada pelo tweeter pode ser explicada pelo fato de ele permitir uma fácil conexão entre diferentes tipos de mídias ou tecnologias

de suporte textual (notebooks, netbooks, smartphones, ipads) e também entre diferentes ambientes que hospedam redes sociais, como por exemplo, o Facebook. No Twitter, a comunicação não se restringe ao envio de mensagens verbais; há recursos que permitem a troca de figuras, desenho e vídeos. Em termos concretos esse ambiente pode funcionar como um "microblog" com maior versatilidade de circulação no que concerne às trocas nas redes sociais virtuais.

Uma possível aplicação prática

A habilidade de síntese é complexa tanto em termos de conteúdo quanto em termos linguísticos. Em relação ao conteúdo, ela implica na percepção do que é essencial para veicular de forma clara determinados sentidos ou marcar determinadas posições em uma discussão. Essa clareza depende muito da precisão de escolhas linguísticas. Escrever mensagens de forma sintética é uma prática que a maioria dos adolescentes domina dado o uso que já faz de mensagens de textos através de telefones celulares. No entanto, essas mensagens via telefonia móvel, ou ambientes como SMS, são geralmente informais, relacionadas a questões cotidianas e enviadas a destinatários conhecidos que contam com muito conhecimento compartilhado para interpretar tais textos. Passar informação para um público mais amplo e desconhecido demanda maior densidade de conteúdo e também uma maior clareza do texto. O limite de caracteres imposto pelo Twitter pode ser um contexto privilegiado para desenvolver a habilidade de síntese nos alunos. O professor pode solicitar que sejam veiculadas mensagens curtas, centradas em contextos não banais. Uma possível tarefa seria determinar um contexto comunicativo específico dentro do qual faça sentido criar um grupo seguidor para dis- →

→ cutir questões não triviais ou escolher um grupo que já esteja discutindo nessa direção. Por exemplo, podemos imaginar uma pesquisa de campo sobre mercado de trabalho, sobre condições ambientais, enfim, sobre temas que estejam em debate na atualidade e que sejam pertinentes para os alunos. Caberia aos aprendizes criar enunciados densos e claros para veicular suas posições nesse debate. Além de ser um exercício de síntese bastante complexo, ele pode ser também um estímulo para que o aluno recorra a dicionários de sinônimos (que ele raramente usa) na busca de palavras mais curtas para expressar suas ideias. Em termos de aquisição linguística, duas possíveis vantagens podem ser consideradas: ampliação do conhecimento lexical e precisão conceitual da mensagem. Isso poderia tanto ser feito em relação a textos produzidos pelos alunos como em relação às mensagens transmitidas entre tweeteiros que estejam discutindo a questão eleita. Exemplos extremos, textos pouco claros ou precisos, podem ser escolhidos para reflexão em sala de aula. É importante ressaltar que embora esses textos pressuponham abreviações e por vezes excluam palavras gramaticais (artigos e pronomes, entre outras), as palavras-chave precisam ser claras para a mensagem ser veiculada. Vem daí o potencial pedagógico deste tipo de comunicação.

2.4 Google.docs

Além de ser um espaço onde se arquivam textos, este ambiente permite criar documentos de forma colaborativa. Para explorá-lo é necessário que todos os usuários tenham uma conta no Google ou cadastrem o próprio e-mail de outra conta neste servidor. O Google.docs oferece um conjunto de ferramentais que facilitam a produção de diferentes realidades textuais: documentos verbais, escrita coletiva (como as viabilizadas pela plataforma

Wike), slides, planilhas, tabelas, formulários, desenho, entre ou-tras[23]. Embora o Google.docs não ofereça ferramentas para produ-ção de imagens e vídeos, ele abre a possibilidade de inserção de imagens em documentos e links para vídeos, o que confere uma grande flexibilidade ao seu uso.

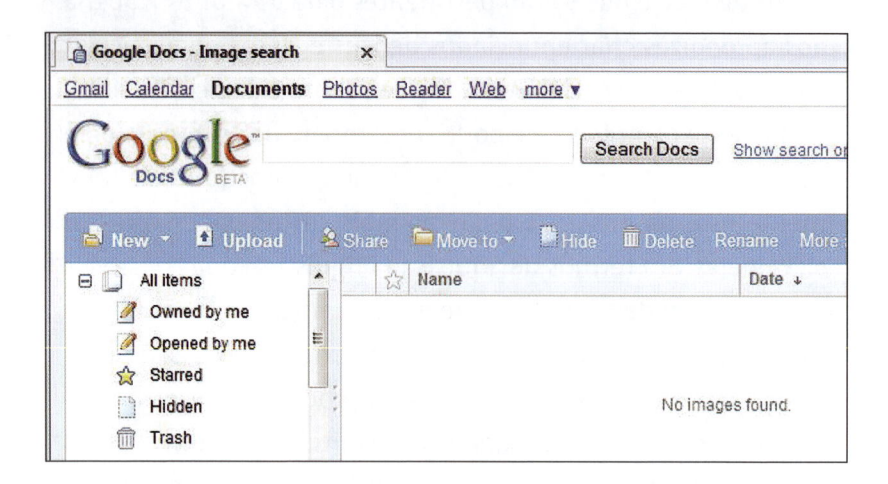

Em relação à escrita colaborativa mencionada anteriormen-te, é importante salientar que essa é uma forma de produção tex-tual ainda pouco explorada na escola, mas que tem provado ser uma forma bastante eficiente de construção de conhecimento no contexto on-line. Um exemplo que ilustra o sucesso dessas inicia-tivas de escrita coletiva e colaborativa é a Wikipedia. Como esse é um modo de expressão e registro de conhecimento relativamente recente, pode-se esperar que ele seja uma experiência nova para muitos docentes. Mesmo assim é importante ter em mente que esse tipo de produção textual permite que o aluno aprenda a al-ternar os papéis de leitor e produtor de textos, a refletir em grupo sobre normas de gênero, aprenda a negociar sentidos e a traba-lhar de uma forma colaborativa. Isso é facilitado pelo fato de o texto estar on-line e o aluno poder trabalhar sem os limites de es-

23 Há possibilidade de bate-papo em tempo real também, mas essas interações não são salvas, a não ser que o usuário recorra ao recurso G-talk que permite gravá-las.

paço e tempo que tradicionalmente tornavam a realização desse tipo de tarefa bastante problemático.

Estudos recentes têm enfatizado que a escrita envolve necessariamente processos de reescrita, mesmo quando o texto é produzido por autores já proficientes. Escrevemos, editamos, colocamos informações adicionais necessárias, testamos diferentes arranjos estruturais e seleções lexicais. Nem sempre é possível mostrar para o aluno o processo que gera o produto final: o texto publicado ou impresso. Ambientes como o Google.doc têm a grande vantagem de deixar registradas cronologicamente as diferentes versões textuais que foram produzidas. Esse registro visa permitir que qualquer uma das versões possa ser consultada a qualquer momento por qualquer colaborador. Em termos pedagógicos esse material pode ser explorado pelo professor de Língua Portuguesa para reflexões explícitas sobre o próprio processo de reescrita. Mais especificamente, o docente pode conduzir análises sobre as revisões apresentadas, visando avaliar como e se as alterações efetuadas de fato contribuíram para a clareza do texto e para o alcance dos objetivos comunicativos propostos. Esse talvez seja um caminho mais produtivo para as discussões escolares sobre as normas de gêneros específicos, um domínio fundamental para a produção de textos que sejam adequados a situações de usos particulares.

A proposta pedagógica a ser relatada na sequência reflete como mesmo no "bloco do eu sozinho" é possível realizar atividades escolares que sejam inovadoras e instigantes para os alunos[24]. Essa atividade foi implementada em uma aula de Língua Portuguesa, atendendo às exigências do currículo que previa um trabalho com dois gêneros específicos: romance e tragédia.

---

24 A atividade relatada foi concebida e implementada pela professora e pesquisadora Melina Aparecida Custódio em uma classe de ensino médio de uma escola da rede particular de ensino no estado de São Paulo.

Experiência prática

A professora Melina Custódio iniciou seu projeto sobre o gênero "tragédia" dando como tarefa a leitura de *Agora estou sozinha*, de Pedro Bandeira. Esse livro conta a história de Telmah, que buscar superar a perda de sua mãe, assim como descobrir as circunstâncias que envolveram essa morte. É interessante notar que a grafia do nome Telmah, se lido em sentido contrário, significa Hamlet.

Dando continuidade aos estudos acerca desse tipo de produção literária, os alunos leram a famosa tragédia *Hamlet*, de Shakespeare. Para instigar o envolvimento com um gênero de texto e de representação, ambos distantes historicamente da realidade dos alunos, a professora explicitou em sala de aula a função social que os gregos atribuíam à tragédia: uma forma de expressão artística que permitia refletir sobre questões que permeiam a vida e relações nas sociedades humanas (excessos cometidos pela ambição, poder, cobiça, vingança, ciúme, amor e assim por diante). Tendo tido acesso à função social do texto, o que afeta diretamente os parâmetros que adotamos na sua interpretação, os alunos foram, em um primeiro momento, solicitados a descrever o que cada personagem no texto representava, assim como o seu papel no desenrolar da trama. Isso tornou mais fácil identificar como os diferentes papéis colaboravam para colocar às claras os dilemas e as desmedidas que ocorrem nas relações sociais. Concluída essa etapa, os alunos tiveram que executar uma segunda tarefa, essa centrada na identificação de como essa tragédia poderia ser "traduzida" na sua realidade contemporânea. Ou seja, os aprendizes foram instigados a refletir sobre que "desmedidas" contemporâneas eles gostariam de salientar em um texto que reproduzisse esse gênero. Essa escrita foi realizada de modo colaborativo, ou seja, todos os membros do grupo escreveram partes do texto, tendo como ferramenta

→

de trabalho o Google.docs. Este trabalho resultou na produção de oito tragédias, primeiramente na versão escrita. Foi sugerido que os alunos encenassem os textos, porém tal ideia foi rejeitada por toda a sala de aula. Contudo, os alunos optaram por produzir um vídeo representativo do drama produzido por seu grupo. Esses vídeos fora produzidos através da remixagem de imagens estáticas, imagens em movimento, textos e músicas.

O interessante na proposta da professora é a relação estabelecida pelos alunos entre um texto contemporâneo, um texto da literatura clássica e a sua vida pessoal. Uma questão a ser destacada é que a professora constatou que seus alunos estavam atentos às questões de variações de registro nos usos da língua. Mais especificamente, ela notou que as discussões entre os integrantes dos grupos registradas no corpo do texto em elaboração ocorreram em linguagem informal, com gírias próprias da faixa etária e dos bate-papos da internet. Em contrapartida, na produção do texto da tragédia, a linguagem informal foi apenas utilizada quando havia uma certa intimidade entre as personagens, mas, mesmo nesses casos, o uso de gírias foi abolido. Quando um dos membros do grupo não levava essa norma em consideração, seus colegas chamavam sua atenção e o corrigiam. Como é de esperar, isso resultou em um material riquíssimo para a discussão de variação linguística com os alunos, assim como discussões sobre escolhas linguísticas adequadas a gêneros específicos.

Finalizando o relato deste exemplo ilustrativo de prática pedagógica que explora os recursos da tecnologia, é interessante ressaltar como os produtos gerados foram frutos de um conjunto diversificado de práticas comunicativas. A proposta pedagógica partiu da leitura de livros impressos, que geraram discussões em sala de aula, produção em ambiente digital, apropriação de um gênero novo na transformação do texto em uma tragédia baseada no cotidiano dos alunos, que foi expressa através de múltiplas linguagens (atividade de remixagem). É relevante também registrar que mudanças geralmente incitam suspeitas institucionais. Como a produção foi projetada e realizada no Google.docs, houve inicialmente, por parte da equipe pedagógica um questionamento ancorado na concepção de que as aulas de redação deveriam sempre solicitar textos escritos manualmente. Isso era em parte motivado pela preocupação de que produções digitalizadas favoreciam o plágio. Contudo, os alunos foram bastante receptivos às atividades sugeridas e aqueles que tinham maior domínio das ferramentas digitais auxiliaram os colegas menos familiarizados com esses recursos. Nas produções, grande parte dos grupos inseriu imagens, links para vídeos, dentre outros textos disponíveis na internet. Exemplos bem-sucedidos acabam reforçando a validade de determinadas propostas e isso pode ter um impacto em crenças pedagógicas.

2.5 Redes sociais

Cada vez mais, principalmente entre as camadas mais jovens da população, as redes sociais têm sido exploradas para trocas de arquivos, links e interação entre os internautas. Ambientes como Orkut e, mais recentemente, o Facebook têm milhões de usuários em escala mundial e nacional e têm se revelado canais eficientes para mobilizações coletivas de diferentes tipos de iniciativas. No Brasil, inicialmente o Orkut agregou um número espantoso de usuários, mas, mais recentemente, muitos deles migraram para o Facebook, que oferece recursos adicionais para a publicação de textos multimodais, formação de redes interativas e tem uma interface que facilita a categorização e a localização de informações. Além disso, o Facebook permite uma maior integração com outros ambientes digitais, como é o caso do Twitter. Seria inviável descrever em detalhes todos os recursos que um ambiente como o Facebook oferece a seus usuários, principalmente porque esse tipo de ambiente está em constante mudança. É preciso que o docente já tenha ou crie um perfil no ambiente e, a partir daí, passe a investigar as múltiplas ferramentas disponíveis. De um modo mais geral, nossa apropriação de ambientes novos e complexos é gradual. No entanto, não é incomum que os próprios alunos nos ajudem a conhecer novos recursos e possibilidades de uso desses ambientes.

Feitas essas considerações, são necessárias algumas colocações mais gerais no sentido de orientar professores que tenham curiosidade de usar o Facebook nas suas práticas educacionais. Algumas vantagens podem ser salientadas nessa direção. Primeiro o professor pode navegar nesse ambiente para fazer diagnósticos mais precisos sobre o interesse e conhecimento prévio de seus alunos. Todos os alunos que participam dessa rede possuem um perfil no ambiente e ele não é apenas descritivo, mas também é definido pelos conteúdos que cada usuário compartilha. Esses dados podem ajudar o professor na definição do foco e da natureza das tarefas que pretende desenvolver em sala de aula.

Outro ponto positivo é a possibilidade de formação de grupos de estudo integrando alunos que pertencem a turmas ou mesmo escolas diferentes. Todos os participantes podem contribuir com materiais e links relevantes para o estudo que está sendo desenvolvido e essa interação com "novos colegas" pode ser um estímulo a mais para o engajamento nas atividades de estudo. Esse tipo de interação mais ampla enriquece muito o processo de construção de conhecimento, mas o professor precisa ter em mente duas questões importantes.

Em primeiro lugar, nem todos os alunos têm um perfil ou desejam ter um perfil nessas redes sociais. Se esse problema ocorrer, o blog pode ser um ambiente alternativo a ser considerado. Em segundo lugar, é importante ter clareza que o monitoramento e orientação de grupos muito grandes pode ser problemático. Assim como nos demais ambientes digitais, o fato de os alunos assumirem mais responsabilidade pelo seu aprendizado não exclui a necessidade da intervenção docente. Ao contrário, como há uma circulação maior de informação e de perspectivas sobre determinados temas, a mediação do docente torna-se ainda mais essencial. Os alunos precisam que o professor medeie as discussões e avalie as diferentes contribuições feita pelos estudantes de modo a evitar que se perca o objetivo das atividades propostas. A quantidade de informação pode tanto levar a um aprofundamento conceitual, quanto a uma dispersão que pouco acrescenta ao domínio dos conteúdos acadêmicos previstos.

Outro problema a ser considerado no uso desse ambiente, é que os alunos precisam estar muito motivados para realizar as tarefas propostas ou ter a devida maturidade para não se desviarem das metas pedagógicas que os docentes procuram alcançar. Mais especificamente, o ambiente oferece muitos atrativos como jogos digitais, possibilidades de navegar e comentar as páginas de amigos, múltiplas alternativas de navegação. Todas essas possibilidades podem dispersar o aluno com certa facilidade.

Para uma ideia mais global do ambiente, algumas das ferramentas mais básicas serão descritas na sequência. Posteriormente escolhemos relatar um exemplo concreto no qual uma das ferramentas (causes) foi utilizada como um canal para mobilização social. Esse exemplo nos força a considerar o potencial de uso político das redes sociais, de um modo geral, e dessa ferramenta do Facebook, em particular. Será também relatada uma experiência de criação de um coral em uma escola pública do interior de São Paulo que explorou o Facebook como meio de organização e divulgação.

Facebook

- Mural – Espaço no qual as pessoas que têm acesso ao perfil do usuário podem postar mensagens. No Facebook, o usuário autoriza ou não as pessoas a serem "amigos", ou seja, a terem acesso a sua página. Além disso, ele pode determinar o tipo de

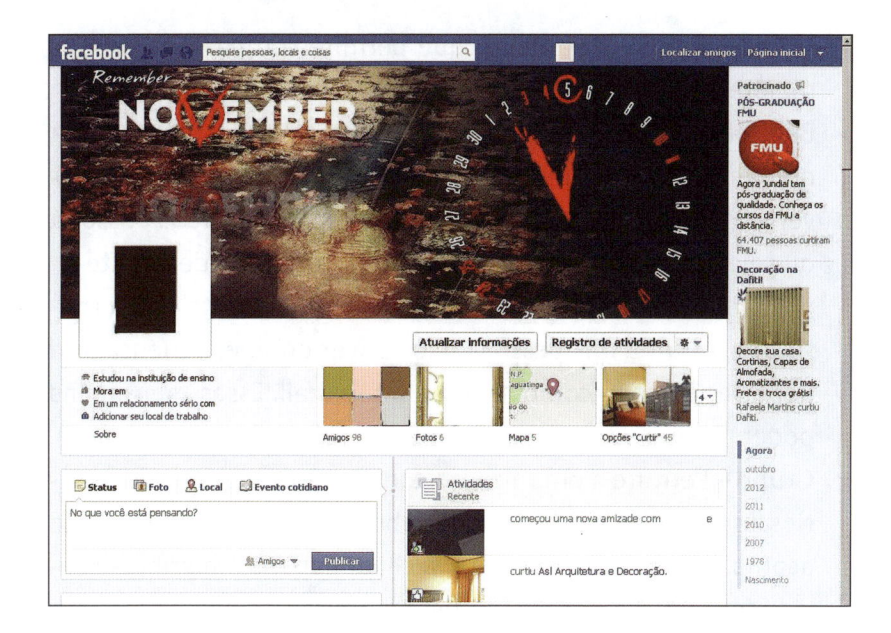

acesso que determinadas pessoas terão, deixando que certas informações sejam visíveis para um grupo de amigos, mas não para outro.

- Cutucar – O Facebook adicionou um recurso chamado "cutucar" (Brasil), que é uma forma de chamar a atenção de outro usuário, instigando contato. Uma mensagem com conteúdo fixo ("X" cutucou você) aparece quando alguém "cutuca" o usuário.

- Eventos – Essa ferramenta funciona como uma agenda digital que permite a divulgação entre o público geral ou apenas entre amigos de um evento próximo. Ela permite prever o número de pessoas que irão participar, pois esse recurso abre a possibilidade de indicar presença, ausência ou indecisão das pessoas convidadas.

- Vídeos – O ambiente oferece duas formas de publicação de vídeo: "copiando e colando" o link do vídeo ou carregando um vídeo produzido pelo usuário.

- Fotos – Esse espaço permite a publicação de fotos como um álbum tradicional. Em termos de ensino, ele pode ser um espaço para a publicação de imagens relevantes ao tema debatido.

- Notas – É uma ferramenta que permite compartilhar textos maiores e com imagens
- Bate-papo/Chat – Funciona como uma sala de bate-papo na qual interações simultâneas podem acontecer. No entanto, as versões atuais ainda restringem essa conversa a duas pessoas, ou seja, não há o recurso para montar um grupo de debate simultâneo. Essa ferramenta também é interessante por permitir que, se uma das pessoas não estiver on-line, a mensagem pode ser enviada como se fosse um e-mail. Essas mensagens podem incluir vários tipos de arquivos, além de links.
- Grupo – Permite a organização e interação de grupos de usuários. Esse recurso pode ser tanto aberto (qualquer pessoa pode acompanhar o que ocorre) ou fechado (apenas membros convidados têm acesso). Ele também permite o trabalho tanto em pequenos quanto grandes grupos na escola.

Um exemplo de aplicação prática

Campanha

A cidade de São Paulo tem uma sala de projeções de filme bastante antiga denominada Cine Belas Artes. Quando foi tornado público que esse espaço cultural seria fechado após 68 anos de funcionamento – pois o imóvel seria desapropriado e devolvido a seu proprietário – um grupo de cinéfilos se organizou no final de 2010 para impedir tal fechamento. Usando o recurso "causes", eles iniciaram, através do Facebook, no início de 2011, uma campanha de protesto contra essa decisão e em dezembro de 2011 eles já contavam com 90 mil simpatizantes na rede social. Essa mobilização gerou um conjunto de ações civis contra o fechamento desse cinema e no momento há um movimento em prol do tombamento desse prédio.

Coral

Uma coordenadora pedagógica de uma escola do interior de São Paulo explorou a motivação gerada por um seriado televisivo popular entre adolescentes (*Glee*) para criar na sua instituição de ensino um coral. Para a organização dessa atividade cultural, a coordenadora usou o Facebook para convidar os alunos a ingressarem no coral. Uma vez formado o grupo, a agenda de encontros era disponibilizada através da ferramenta "Eventos". Fotos e comentários sobre os ensaios também eram postados nesse ambiente como uma forma de socializar experiências e também garantir a coesão do grupo.

3. FINALIZANDO

Na segunda parte deste volume buscamos oferecer, de uma forma geral, reflexões sobre alguns ambientes disponíveis na rede que podem ser explorados com finalidades educacionais. Há outros que poderiam ser apresentados, mas o propósito deste volume é apenas instigar a curiosidade de professores, principalmente os do Ensino Médio, para que se envolvam neste tipo de busca.

Finalizando esta discussão sobre ambientes, apenas um último alerta que é de suma importância: a escolha de um determinado ambiente/recurso digital deve ser avaliada em termos dos objetivos pedagógicos propostos, ou corre-se o risco de "matar mosquito com canhão", ou tentar "derrubar muralhas com raquetes eletrificadas". Se as condições do ambiente digital forem muito limitadas para as metas pedagógicas propostas, os alunos e o professor podem se sentir presos em uma "camisa de força" que os impede de expressar e explorar sua criatividade, o que pode ser muito frustrante; mas se as condições forem abertas demais para os objetivos propostos, há sérios riscos de se perder o foco de estudo, caso o professor não consiga coordenar e orientar os alunos na direção das metas propostas. Ambientes com muitos recursos para tarefas simples vão exigir mais controle da parte do professor para que o resultado das atividades não seja disperso e sem sentido.

A seguir, oferecemos um exemplo fictício que remete de forma lúdica à necessidade de os professores estabelecerem limites no processo educacional. Imaginemos aqui um professor que tenha negociado com sua turma uma determinada agenda para a entrega e conclusão das atividades e que almeja desenvolver nos alunos disciplina e compromisso com prazos. Segue uma projeção de como as interações entre alunos e professor podem ocorrer em diferentes meios de comunicação, imaginando-se o caso de um aluno que tenta renegociar as datas de entrega.

Situação 1 – E-mail

To: profa_ana@hardworking.com
From: aline@student.com
Subject: Entrega de trabalho

Professora Ana,

O meu trabalho não foi enviado dentro do prazo porque a conexão caiu e não pude completar as tarefas. Gostaria de saber se é possível entregar os trabalhos em outra data.

Abs, Aline

To: aline@student.com
From: profa_ana@hardworking.com
Subject: RE:Entrega de trabalho

Cara Aline,

Os alunos, inclusive você, tiveram um mês para realizar a tarefa. Como foi alertado no início do curso, é importante não deixar as coisas para a última hora. Lamento, mas não posso criar exceções. Você vai ficar sem a avaliação dessa atividade.

Abraços, Profa. Ana

Situação 2 – Mensagem via celular

A) *Mensagem da aluna Aline:* Profa o sistema caiu. Não acabei as atividades. Posso mandar depois? Aline

B) *Resposta da profa. Ana:* Aline, você sabia dos prazos. Vai ficar sem nota. Profa. Ana

Situação 3 – Facebook

 **Professora Ana** Pessoal gostaria de lembrá-los que o prazo para a entrega da atividade termina hoje à meia-noite.
Ontem às 4:00 pm

 **Aline** O sistema caiu e não deu para acabar as atividades e enviar ontem. Posso mandar depois?
Hoje às 11:00 pm

 **Cristina** Tb tive esse problema.
Hoje às 11:10 am

 **Laura** Eu tb.
Hoje às 11:30 am

 **Professora Ana** Vocês tinham o cronograma das entregas e foram avisados para não deixarem para a última hora. Infelizmente vocês ficarão sem nota.
Hoje às 12:30 pm

Roberto Ixi... eu tb tive problema.
Hoje às 13:00 pm

Eli Já que mais de um aluno teve problema não dá pra marcar outra data?
Hoje às 13:07 pm

Professora Ana Acho problemático não respeitarmos os acordos feitos sobre o cronograma. Isso dificulta o meu gerenciamento do desempenho da turma.
Hoje às 13:40 pm

Cristina Acho que a profi Ana está certa. Os alunos se acomodam e fazem tudo correndo na última hora.
Hoje às 13:45 am

Aline Cris, talvez você devesse antes saber sobre os problemas individuais de cada um. Essa coisa de desrespeito a alunos está sendo debatido na internet. Veja esta matéria http://odia.ig.com.br/portal/brasil/html/ 2011/12/professor_chama_alunos_de_retardados_no_facebook_212821.html
Hoje às 14:05 pm

3.1 Bate-papo entre colegas: compartilhando vivências

Os exemplos de situações de interação fictícias, mas plausíveis, realizadas em diferentes ambientes digitais, conferem importância às questões de cunho pedagógico que surgiram em um bate-papo informal do qual participei junto com duas colegas da Unicamp que tenho em alta estima, ambas com muita experiência no uso de ambientes digitais e ensino: Cláudia Hilsdorf Rocha e Fernanda Freire. Avalio que o registro da síntese do conteúdo dessa conversa entre colegas ofereça para o leitor deste volume alguns sinais de alerta que podem ser úteis na exploração de ambientes digitais em práticas de ensino. Para as três professoras, protagonistas das reflexões, ou outros professores leitores, talvez seja um estímulo para abrir espaços em agendas sobrecarregadas de modo a poder, em futuros estudos, aprofundar a compreensão das questões apontadas, aqui de forma mais geral.

Talvez seja útil esclarecer que o bate-papo em questão iniciou-se em torno de colocações sobre a ingenuidade com que exploramos os recursos digitais em práticas de ensino. Muitas vezes o professor não atinge as metas educacionais previstas porque não sabe como mediar o processo de ensino nesse novo contexto, mas outras vezes ele alcança os objetivos propostos, muito embora isso não ocorra da forma como ele esperava. Em outras palavras, ao usar um determinado ambiente com fins educacionais, o aluno pode trazer para essa prática padrões de uso que são diferentes do comportamento previsto pelo professor. Por exemplo, em ambientes como o Facebook, por um lado, o aluno acha que sua participação em um determinado debate pode ser registrada pela simples indicação de "curtir", enquanto que, por outro lado, o professor só considera como participação alunos que efetivamente postaram mensagens (só "curtir" não basta).

Outras questões também precisam ser consideradas. Refletindo sobre o Facebook, observamos que o fato de ele ser um ambiente muito dinâmico, propenso a grande volume de postagens, dificulta um gerenciamento maior por parte do professor. Na realidade, ambientes como o Facebook funcionam como grandes murais. Em ambientes tão abertos, o professor tem que ter clareza de que não é possível ter um total controle de todas as situações e/ou portagens. Se a situação pedagógica demanda um maior monitoramento dos aprendizes, esse ambiente não é a escolha mais adequada. Mas se o foco for instigar a interação entre alunos, agilizar a divulgação de notícias e de conteúdos, mobilizar a turma, abrir espaços para conexões novas nas redes sociais de interesse, o Facebook é a escolha que vai oferecer ferramentas mais produtivas para o professor e seus alunos.

Na prática, a mediação digital nas atividades de ensino e aprendizagem será produtiva se o professor levar em consideração um tripé cujos pilares de apoio são: o objetivo do professor, a ferramenta escolhida e o tipo de mediação que se faz necessária. Por exemplo, um fórum no qual o professor lança uma questão, mas não atua como mediador instigando o debate, acaba se transformando em um mero questionário virtual. Várias experiências mostram que os alunos acabam respondendo só para o professor e simplesmente ignoram as respostas dos colegas, caso o professor não intervenha e mude a dinâmica. Se a meta do professor for restrita a fazer uma sondagem de seus alunos de modo a estabelecer o perfil para a turma, um "fórum digital" usado como um "questionário" cumpre seus objetivos. Mas se a meta do professor for promover debates, instigar e aprofundar discussões específicas entre os alunos, está claro que não. Se o objetivo pedagógico é a construção colaborativa de conhecimento, o professor tem que retornar as respostas do aluno para o grupo, intervir instigando a participação, problematizando colocações, apontando pontos divergentes nas colocações dos alunos e pedindo ao grupo que se posicione, só para mencionar algumas das muitas alternativas que temos para mediar discussões coletivas.

Feitas essas colocações, é importante considerarmos também a necessidade de rever os critérios que tradicionalmente usamos para avaliar o envolvimento e o desempenho do aluno nos contextos virtuais (e talvez nos presenciais). Nos ambientes virtuais abertos (blogs com acesso restrito, Twitter, Facebook, entre outros), em geral há muitas falas, mas elas não ocorrem de forma encadeada e sequencial. Como uma grande festa italiana (e o Bértoli do meu sobrenome me confere autoridade cultural para falar sobre essa questão) há encadeamentos que ficam reverberando sem respostas, há enunciados que causam comoção e debates acalorados, com várias pessoas sentindo necessidade de colocar a sua opinião sobre a questão. Mesmo os que não se envolvem diretamente na discussão, participam como plateia do debate (ou não...). Alguns simplesmente se desligam e optam por conversas ou devaneios paralelos.

É possível pensarmos que, em sala de aula, esses diferentes tipos de envolvimento também ocorrem, só que a situação presencial coloca limites maiores para a participação do aluno. O professor precisa gerenciar os turnos de fala por questões de tempo e também pela própria característica da situação formal: há metas em relação à construção de conhecimento acadêmico, que não se colocam para os participantes da nossa festa italiana. Não podemos ignorar, também, que na sala de aula falas simultâneas ou paralelas são interpretadas como "indisciplina". Mesmo nas escolas mais progressistas, que valorizam a participação do aluno, o contexto presencial demanda limites na participação dos alunos, já que muitas pessoas falando ao mesmo tempo dificulta a compreensão de enunciados particulares. Quando o nível de reflexão é mais complexo isso pode ser um problema.

Retomando a comparação, as interações on-line, de certo modo, favorecem a junção desses dois mundos: a abertura para a participação social das festas italianas e para as possibilidades de construção intencional do conhecimento que tradicionalmente acontecem no contexto formal da sala de aula[25]. Ou seja, na rede, todo mundo pode se colocar. Como isso em geral é feito via escrita, não há "ruído", mas gera-se a necessidade de que o professor gerencie o processo de modo a transformar o aparente caos em uma discussão produtiva.

Ou seja, comparações à parte, há um aspecto formal que torna a escola e as situações de aprendizagem institucionais instigantes, desafiantes, mas não descompromissadas, como uma festa italiana. Em qualquer contexto social, seja ele formal ou informal, as contribuições feitas pelas pessoas são muito importantes para a construção colaborativa de conhecimento. Nos contextos acadêmicos, diferentemente das situações informais, há

---

25 Toda a interação traz em seu bojo um potencial de aprendizagem, mas, retomando Vygotsky, a linguagem tem uma função interacional (de cunho social) e referencial (relacionada à construção de conhecimentos sobre o mundo). No caso dos diálogos informais, a nossa festa italiana., os aspectos sociais, afetivos, lúdicos, vêm em primeiro plano, embora o aspecto referencial não deixe de estar presente (as pessoas trocam conteúdos/ discursos em suas falas). No caso da aprendizagem formal ocorre o oposto.

uma questão de método, discurso de área e uma necessidade de sistematização e organização do conhecimento construído. Isso demanda a mediação organizadora do professor. Como um bom costureiro, o professor puxa os fios da conversa para ajudar os alunos a construírem um texto que faça sentido e dê um sentido ao que estão aprendendo.

Essa mediação também se faz necessária para, entre outras atividades educacionais, instigar a ampliação de olhares, problematizar explicações de senso comum, explicitar conflitos ou também garantir a manutenção do foco da discussão, de modo que alguns temas sejam estudados em níveis mais aprofundados. Em discussões mais abertas, o processo de síntese é sempre mais complexo e, por isso, pode demandar mais intervenção do professor. Blogs fechados ou AVAs oferecem um contexto mais "controlado" e são mais adequados para situações específicas de ensino nas quais o professor avalia ser necessário oferecer mais apoio e monitoramento para seus alunos.

Como já mencionado, há contextos de aprendizagem em que isso é desejável e necessário do ponto de vista educacional. Outras vezes, a liberdade dada aos alunos pode abrir espaços que o professor, sem ter a intenção, fecharia. Isso nos leva de volta ao tripé que o professor precisa levar em conta e que já foi anteriormente mencionado: ao escolher o ambiente digital a ser usado em práticas específicas de ensino, avalie antes qual é o seu objetivo educacional e que tipo de mediação esse objetivo requer para seu público-alvo. Só depois disso você saberá qual é a melhor escolha de ambiente para aquela prática prevista.

CONSIDERAÇÕES FINAIS

Um volume que se propõe a apresentar um panorama geral sobre um tema enfrenta sempre um sério dilema: aprofundar todas as questões debatidas, o que geralmente é inviável e dificulta a visão global do foco de discussão eleito; ou apresentar um roteiro geral que ofereça uma orientação que embase aplicações práticas ou estudos mais aprofundados no futuro por parte do leitor. Optamos pelo segundo caminho. Mas como todo roteiro de percurso, ele só ganha forma e cores através de viagens concretas feitas pelos leitores. Tais viagens trazem novos exemplos, descobrem e sugerem outras possibilidades de caminho. Com relação a este volume, esperamos que "o roteiro" discutido tenha possibilitado que o leitor contextualize as TICs em um longo percurso histórico, que se inicia quando as sociedades humanas começaram a usar recursos externos para registro ou trocas de conteúdos culturais: das paredes da caverna ao suportes e ferramentas digitais. Para os professores que foram apanhados desprevenidos no meio dessa avalanche de mudanças rápidas nos modos de comunicação e na forma de construção da cultura, hoje chamada genericamente de processo de globalização, esperamos que o texto tenha esclarecido alguns conceitos e instigado reflexões básicas que lhes permitam aprofundar seus conhecimentos, pesquisando (na rede, em geral, ou nos sites educacionais, em particular) os usos que têm sido feitos dos diferentes ambientes digitais. É importante entendermos como eles têm sido explorados nas práticas comunicativas que visam trocas de informação e construção do conhecimento.

Para os internautas mais experientes, que já possuem muito conhecimento adquirido de forma implícita no uso que fazem de ambientes digitais, ler sobre essas questões pode ajudá-los a organizar melhor o conhecimento que já possuem. Reflexões explícitas sempre são úteis e necessárias para termos um controle consciente sobre nossas escolhas e ações pedagógicas.

Quando findamos um texto, entregamos a criação para o mundo e perdemos o controle sobre seus desdobramentos futuros. A autora deixa aqui registrado um sonho e uma provocação: quem sabe o futuro leitor se entusiasme a criar nos ambientes virtuais – blogs, Orkut, Facebook – um espaço virtual onde outros leitores deste texto possam trocar impressões e principalmente compartilhar experiências pedagógicas que deram certo.

Esperamos também que os leitores explorem esses espaços para refletir e entender as razões que levaram ao insucesso algumas de suas iniciativas de inclusão das TICs em práticas educacionais. Precisamos todos encontrar formas construtivas de aprender com nossos erros. Essa é a grande lição que aprendemos com os técnicos do movimento do software livre. Juntos eles criaram programas inovadores que foram sendo testados e melhorados pela comunidade técnica para só depois ficarem disponíveis gratuitamente para qualquer usuário. Essas comunidades técnicas virtuais criam produtos (programas, plataformas e aplicativos) e também são fontes de resolução de problemas. Internautas (técnicos e leigos) recorrem a elas para pedir ajuda quando enfrentam dificuldades técnicas.

Todo professor reconhece que o trabalho docente é importante, difícil e nem sempre devidamente reconhecido e valorizado. Mais difícil ainda é a solidão do docente para enfrentar a pressão institucional e a suspeita que gera quando busca implementar inovações. Mudar é uma ação que promove desconforto, já que explicita para um sistema acomodado que as coisas podem ser diferentes e melhores. Erros nas primeiras iniciativas fazem parte do processo de mudança e não são necessariamente um problema se aprendermos com eles. Por isso, é melhor e mais fácil andar contra a corrente em um barco com muitos remadores. O coletivo pode dar força para ações individuais e nos ajudar a não desistir e desanimar no meio do processo.

As mudanças sociais podem ser geradas por agentes particulares, mas elas se concretizam de fato quando abraçadas no âmbito coletivo que lhes dá respaldo e poder. A internet nos oferece um caminho promissor, a literatura (impressa e digital) indica roteiros. Cabe a cada um de nós aceitar o desafio da viagem e experenciar na prática o verso de Fernando Pessoa: *"navegar é preciso..."*.

GLOSSÁRIO

Condições materiais – Esse termo refere-se a recursos concretos (acesso a verbas, a recursos materiais, condições do espaço físico, entre outros) e a recursos humanos que permitem ou colocam empecilhos concretos para a realização de determinadas ações e práticas sociais.

Dialética marxista – É uma concepção filosófica que se opõe ao *idealismo*. O idealismo entende que o ambiente e a sociedade são determinados pelas ideias e pela intervenção divina. A dialética marxista parte do princípio de que o ambiente, o organismo e fenômenos físicos tanto modelam os seres humanos quanto sua sociedade e cultura. Na teorização de Karl Marx, as condições materiais afetam e são afetadas por questões sociais. O uso de ferramentas é explicado como um ponto-chave no processo de desenvolvimento das sociedades humanas: usando ferramentas, o homem muda a natureza e, dialeticamente, mudando a natureza, ele altera a sua natureza e as formas de organização social que privilegia.

Estruturas "formulaicas" – Expressões de domínio público como os ditados populares, por exemplo. Por serem muito familiares, elas são fáceis de guardar (como um todo) mesmo sendo enunciados longos. Esse termo não está dicionarizado, mas tem sido usado como uma tradução da expressão inglesa "formulaic". Isso aconteceu também com o termo "letramento", que está relacionado a "literacy" e que passou a ser adotado por abranger questões mais amplas (relativas às práticas sociais) que os termos "alfabetização" ou escrita (essa última relativa tanto ao ato de escrever como a modalidade em si).

Eventos de letramento – Os estudos do letramento têm enfatizado que a adequação e o sentido das escolhas linguísticas estão sempre relacionados ao <u>contexto</u> em que a linguagem está sendo usada: porque, por quem, para quem e em que situação social de interação estão sendo concretizadas essas escolhas. Ou seja, as <u>práticas de letramento</u> ocorrem em <u>contextos sociais</u> específicos: <u>os eventos de letramento</u>. Assim um texto muito formal circulando em uma situação formal pode ser considerado perfeitamente adequado. Já se sua circulação ocorrer em contextos informais, a escolha de um estilo formal pode ser considerada pedante ou uma sátira, dependendo de <u>quem</u> fala.

Gênero – Para professores de línguas, esse conceito já tem sido bastante debatido nas diferentes propostas curriculares. Mas para os "imigrantes na linguística", "gênero" é um termo técnico usado para explicar formas dinâmicas e relativamente padronizadas de organizar a comunicação humana. Como definido por Francisco Alves Filho no volume 2 desta coleção, "os textos podem funcionar em gêneros diferentes, dependendo dos propósitos comunicativos e dos contextos em que foram utilizados (p.23) (...) aprender gêneros pode ser uma forma de aprender a fazer escolhas responsáveis e deliberadas entre possibilidades existentes de combinações entre forma, conteúdo e valores neles expressos" (p.31). Resumindo, os gêneros discursivos são diretamente influenciados pela função comunicativa do texto e pela audiência prevista.

Grupos hegemônicos – Em política o termo **hegemonia** foi formulado pelo teórico Antonio Gramsci para descrever o tipo de dominação ideológica de um grupo social sobre outro, principalmente da burguesia sobre as classes trabalhadoras. A obra de Gramsci e as obras de seus seguidores refletem como determinados valores são impostos pela força do Estado (polícia, sanções e premiações institucionais, como é a avaliação escolar) ou pelas lutas ideológicas. A mídia e as instituições podem fazer grupos sociais aceitaram valores e crenças que vão contra os interesse e espaços de circulação desses grupos. Um bom exemplo é o padrão único de beleza valorizado na mídia e reforçado até através de recursos técnicos como Photoshop (recurso técnico para manipulação de imagens). Isso gera problemas sérios de autoimagem e aceitação para as pessoas que não se enquadram nesse padrão. É interessante ressaltar isso, pois as próprias pessoas que estão "acima do peso" ou tem uma constituição mais robusta defendem direta ou indiretamente o valor do padrão de beleza hegemônico, que sabemos era bem diferente no passado, como mostram os quadros de Rubens.

Hibridização de modalidades – Isso ocorre sempre que uma prática comunicativa se ancora em uma ou mais modalidades expressivas. Na sala de aula, a hibridização nos usos da modalidade oral e escrita é bastante evidente, tanto nas ações de ensino (o professor explica oralmente, escreve na lousa, discute textos escritos). Algumas atividades como seminários em grupo, por exemplo, se constroem em uma complexa malha de modalidades. Os alunos leem para coletar informações, tomam notas escritas sobre suas leituras, discutem oralmente com os colegas ou debatem questões via internet, constroem apresentações muitas vezes em formato multimídia (escrita, imagem, sons) e, ancorados nesse roteiro, apresentam oralmente o resultado de suas pesquisas. A construção de sentidos se dá, portanto, de uma forma híbrida.

Instituições sociais – Organizações hierarquicamente estruturadas, com papéis preestabelecidos como, por exemplo, a escola, a Igreja, a família, entre outras.

Imigrantes digitais – Pessoas que cresceram antes das tecnologias digitais se tornarem populares. Esse termo é contraposto ao dos **nativos digitais,** usado para referir-se aos jovens que já cresceram imersos e interagindo com esse tipo de tecnologia.

IPad – é um tablete produzido pela empresa Apple. Um tablete tem a forma de uma prancheta, uma resolução de tela excepcional, que oferece maior conforto para tela leitura e não tem teclado (todos os comandos são dados através do toque direto na tela).

Lexias – Na teoria, chama-se lexia cada segmento de texto que constitui um hipertexto. Os links do hipertexto ligam lexias entre si. Essa ideia talvez fique mais clara se fizermos um paralelo com a escrita. Em um texto escrito, a sequência de uma discussão é visualmente segmentada em blocos maiores de ideias que denominamos parágrafos. A segmentação de um hipertexto em lexias segue essa lógica, mas dá um passo além. Em um texto escrito, o sentido de um parágrafo, em princípio, está vinculado à sequência linear do texto, isto é, ao parágrafo que o antecede e ao que segue. A lexia, ao contrário, tem sentido independente. É como uma peça de um lego, que tem um formato próprio, mas que, se juntada a outras peças de lego, dá origem a novos formatos. Talvez a metáfora do lego nos ajude a entender como construímos sentido ligando diferentes lexias na leitura hipertextual, viabilizada pela ativação dos links digitais.

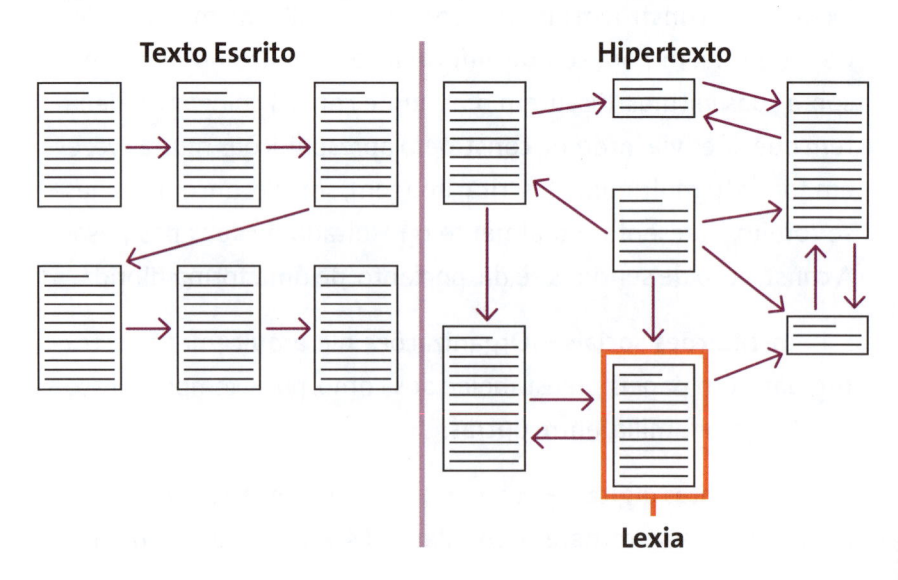

Memória imediata – Estudos sobre a memória humana tendem a classificá-la em três categorias distintas: memória imediata (ou de processamento); memória a curto prazo (que guarda informações menos marcantes ou importantes) e memória de longo prazo (que engloba todo o nosso conhecimento prévio). A memória de processamento tem uma capacidade limitada e é nela que guardamos as informações recebidas enquanto construímos os sentidos que passam para as memórias mais permanentes. Assim ao sermos expostos a enunciados orais muito longos, até a proposição toda ser dita, já esquecemos o seu começo ou não temos recursos de memória para continuar processando o enunciado que segue. É por isso que palestras centradas na leitura de textos escritos para serem publicados acabam sendo tão difíceis de acompanhar. Na leitura há um controle maior do leitor: ele pode acelerar ou diminuir a velocidade de recepção, rever trechos, dependendo do grau de dificuldade que o texto apresente.

Recursos multissemióticos – Multissemiótico é um termo que designa a junção de vários semioses (várias linguagens). Para nos comunicarmos precisamos criar convenções de sentidos a determinados formas de expressão. É assim que se criam as diferentes linguagens. Cada cultura possui uma linguagem oral, formas de registro específicos para a linguagem escrita, diferentes convenções para interpretar imagem, cor e assim por diante. Por exemplo, o luto é representado pela cor preta no Ocidente e pela cor branca no Japão e outras culturas.

Netbook – É um notebook com menos recursos (principalmente de equipamentos, com leitor de DVD), que tem a vantagem de ser mais barato, menor e mais leve.

Notebook – Também chamado de *laptop,* é um computador portátil.

Relações socioestruturais – Forças mais amplas (economia, política, instituições sociais) que têm o poder de determinar a forma como é estruturada uma determinada sociedade. São essas relações que determinam o espaço de participação dos grupos e dos indivíduos na distribuição de determinados bens culturais e materiais a partir de posições ideológicas que determinam o que deve e não deve ser valorizado, o que deve ser estigmatizado ou socialmente punido.

Setores produtivos – As fábricas das multinacionais foram transferidas para países de terceiro mundo, visando lucros financeiros (mão de obra menos dispendiosa). Esses países se tornaram centros produtores de mercadorias que são comercializadas mundialmente com a marca atrelada a diferentes nacionalidades: americana, italiana, francesa e assim por diante.

Smartphone – É um celular também chamado de telefone inteligente, com funções avançadas, incluindo acesso à internet e a diversos aplicativos.

Signo linguístico – Um signo é uma representação que ganha um sentido convencional dentro de um determinado grupo social. Os signos (verbais ou não) permitem a construção das diferentes linguagens. A Semiótica e a Linguística são ciências que estudam os signos (verbais e não verbais) e semiose é um termo técnico usado para designar os signos no interior das trocas interativas.

Software livre – É um movimento de programadores que defende que o conhecimento deve ser coletivo e para uso e benefício de todos. Assim, qualquer programa de computador poderia ser usado e até mesmo alterado sem restrições. Esse movimento é contra os chamados programas proprietários (como Windows, por exemplo), que não permitem acesso ao código-fonte, ou seja, àquela parte técnica que "comunica" os comandos e operações para a máquina. No caso de programas proprietários, os usuários precisam comprar para ter acesso legal, já que a sua reprodução é considerada crime: "cópias piratas". Sem acesso ao código-fonte, os técnicos também não têm como mudar ou ajustar os programas para que atendam necessidades de uso específicas. O interessante nesse movimento foi que a construção coletiva trouxe resultados muitos mais sofisticados e eficientes do que aqueles até então obtidos pelas grandes firmas que atuam na área. Para mais informações ver: <http://pt.wikipedia.org/wiki/Software_livre>

Textos multimídia e hipermídia – São textos que integram arquivos de imagem, de escrita e de áudio. Foi a tecnologia digital permitiu que diferentes tipos de mídias (escrita, transmissão em áudio, televisão, cinema, entre outros) pudessem ser todos integrados em um único meio. Esses textos são chamados de hipermídia quando sua organização inclui links, ou seja, quando são disponibilizados como um hipertexto.

Vygotsky – Também seguindo uma orientação marxista, Vygotsky busca entender como a sociedade e a cultura são introjetadas na psique dos indivíduos de uma determinada sociedade. Para explicar esse processo, Vygotsky estabelece uma analogia entre o papel das ferramentas e o da linguagem: ao se comunicar com o outro através da linguagem (que é socialmente marcada), os indivíduos dialeticamente reproduzem sua cultura e princípios sociais e desenvolvem competências específicas nas suas estruturas mentais. Assim, o que é a principio "intersubjetivo" torna-se "intrassubjetivo" no processo de desenvolvimento cognitivo.

REFERÊNCIAS

ALVES FILHO, Francisco. *Gêneros jornalísticos*: notícias e cartas de leitor no ensino fundamental. São Paulo: Cortez, 2011. (Coleção Trabalhando com... na escola)

BAUMAN, Zygmunt. *Comunidade*. Rio de Janeiro: Jorge Zahar, 2001.

BRAGA, D. B. Tecnologia e participação social no processo de produção e consumo de bens culturais: novas possibilidades trazidas pelas práticas letradas digitais mediadas pela Internet. *Trabalhos em Linguística Aplicada* (UNICAMP), v. 49, n.2, p. 373-392, 2010.

CHARTIER, Roger. *A aventura do livro* – do leitor ao navegador. São Paulo: Unesp/Imesp, 1997.

COLL, César; MONEREO, Carles. *Psicologia da educação virtual*: aprender e ensinar com as tecnologias da informação e da comunicação. Porto Alegre: Artmed, 2010.

GOMES, Luiz Fernando. *Hipertexto*. São Paulo: Cortez, 2010.

GNERRE, Maurizzio. *Linguagem, escrita e poder*. São Paulo: Martins Fontes, 1987. p.34-36.

HATUGAI, Marcelo Rosa. *Contribuições para o desenvolvimento da autonomia de aprendizes de 5ª. Série em escola pública*: ensino de língua inglesa mediado pelo computador. Dissertação (Mestrado) – Universidade Estadual de Campinas – Campinas, SP, 2006.

ILLICH, Ivan. Um apelo à pesquisa em cultura escrita leiga. In: OLSON, David; TORRANCE, Nancy. (orgs.) *Cultura escrita e oralidade.* São Paulo: Ática, 1995.

LANDOW, George P. *Hyper/text/theory.* Baltimore: Johns Hopkins University Press, 1994.

PARÂMETROS CURRICULARES NACIONAIS. Disponível em: http://portal. mec.gov.br/seb/arquivos/pdf/livro01.pdf. Acesso em: 20 nov 2012.

PRENSKY, Marc. Digital natives, digital immigrants. *On the Horizon.* MCB University Press, v. 9, n. 5, October 2001.

SANTOS, L.D.C. dos. *O pio do pássaro:* uma análise das funções prototípicas do tweet. Dissertação (mestrado) – Universidade Estadual de Campinas – Campinas, SP, 2012.

Outras leituras

1. Carolina Bottosso de Moura. *As vozes da periferia:* uma análise de produções audiovisuais de segmentos sociais desfavorecidos. 2008. Dissertação (Mestrado em Linguística Aplicada) – Universidade Estadual de Campinas, Coordenação de Aperfeiçoamento de Pessoal de Nível Superior. Orientador: Denise Bértoli Braga.

2. Claudia Rodrigues. *O uso de blogs como estratégia motivadora para o ensino da escrita na escola.* 2008. Dissertação (Mestrado em Linguística Aplicada) – Universidade Estadual de Campinas. Orientador: Denise Bértoli Braga.

3. Débora Camacho Araújo Siqueira. *O uso de material hipertextual em um curso de leitura on-line:* foco na perspectiva do usuário. 2006. Dissertação (Mestrado em Linguística Aplicada) – Universidade Estadual de Campinas. Orientador: Denise Bértoli Braga.

4. Denise Bértoli Braga. *Tecnologia e participação social no processo de produção e consumo de bens culturais:* novas possibilidades trazidas pelas práticas letradas digitais mediadas pela Internet. Trabalhos em Linguística Aplicada (UNICAMP), v. 49, n.2, p. 373-392, 2010.

5. Diana Zwi Buratini. *Os recursos visuais na compreensão em língua estrangeira*. 2004. Dissertação (Mestrado em Linguística) – Universidade Estadual de Campinas, Coordenação de Aperfeiçoamento de Pessoal de Nível Superior. Orientador: Denise Bértoli Braga.

6. Izabel de Moraes Sarmento Rego. *Incorporação das novas tecnologias na aula de língua espanhola:* possibilidades e dificuldades encontradas na produção de um texto publicitário. 2010. Dissertação (Mestrado em Linguística Aplicada) – Universidade Estadual de Campinas, Coordenação de Aperfeiçoamento de Pessoal de Nível Superior. Orientador: Denise Bértoli Braga.

7. Junot de Oliveira Maia. *Apropriação dos letramentos digitais para participação social mais ampla:* um estudo de caso. 2013. Dissertação (Mestrado em Linguística Aplicada) – Universidade Estadual de Campinas.

8. Luiz Fernando Gomes. *Hipertextos multimodais:* o percurso de apropriação de uma modalidade com fins pedagógicos.. 2007. Tese (Doutorado em Linguística Aplicada) – Universidade Estadual de Campinas. Orientador: Denise Bértoli Braga.

9. Luiz Henrique Magnani Xavier de Lima. *Virando o jogo:* uma análise de videogames através de um olhar discursivo crítico. 2008. Dissertação (Mestrado em Linguística Aplicada) – Universidade Estadual de Campinas, Fundação de Amparo à Pesquisa do Estado de São Paulo. Orientador: Denise Bértoli Braga.

10. Mario Luiz Nunes Alves. *Caminhos e entraves para o sucesso de fóruns digitais*. 2008. Dissertação (Mestrado em Linguística Aplicada) – Universidade Estadual de Campinas. Orientador: Denise Bértoli Braga.

11. Marcelo El Khouri Buzato. *Entre a fronteira e a periferia:* linguagem e letramento na inclusão digital. 2007. Tese (Doutorado em Linguística Aplicada) – Universidade Estadual de Campinas. Orientador: Denise Bértoli Braga.

12. Márcio Antonio de Moraes. *A internet na escola:* reflexões sobre o impacto na produção do gênero dissertativo. 2007. Dissertação (Mestrado em Linguística Aplicada) – Universidade Estadual de Campinas. Orientador: Denise Bértoli Braga.

13. Marcelo Rosa Hatugai. *Contribuições para o desenvolvimento da autonomia de aprendizes de 5ª série em escola pública:* ensino de língua inglesa mediado pelo computador. 2006. Dissertação (Mestrado em Linguística Aplicada) – Universidade Estadual de Campinas, Coordenação de Aperfeiçoamento de Pessoal de Nível Superior. Orientador: Denise Bértoli Braga.

14. Patricia Vasconcelos de Almeida. *Internet como fonte de material didático e como meio de ensino de língua estrangeira:* uma investigação baseada na teoria da atividade. 2006. Tese (Doutorado em Linguística Aplicada) – Universidade Estadual de Campinas, Conselho Nacional de Desenvolvimento Científico e Tecnológico. Orientador: Denise Bértoli Braga.

15. Patricia Nora de Souza. *O uso da hipermídia para o ensino e a aquisição lexical no contexto da leitura em língua estrangeira.* 2004. Tese (Doutorado em Linguística Aplicada) – Universidade Estadual de Campinas, Orientador: Denise Bértoli Braga.

16. Suzana Cristina Reis. *A intervenção pedagógica do professor em contextos diferenciados:* a oferta de andaimes na aula de inglês presencial e a distância. 2004. Dissertação (Mestrado em Linguística) – Universidade Estadual de Campinas, Coordenação de Aperfeiçoamento de Pessoal de Nível Superior. Orientador: Denise Bértoli Braga.

17. Tamara Chagas Carneiro Sabadini. *Um estudo sobre elaboração e avaliação de hipertexto pedagógico para o ensino de língua estrangeira.* 2007. Dissertação (Mestrado em Linguística Aplicada) – Universidade Estadual de Campinas. Orientador: Denise Bértoli Braga.

18. Valdir Silva. *Interação social e estratégias linguísticas no processo de provimento de andaimes em uma disciplina de bioquímica oferecida a distância via computador.* 2003. Dissertação (Mestrado em Linguística) – Universidade Estadual de Campinas. Orientador: Denise Bértoli Braga.

19. Viviane Gonçalves Curto. *A inclusão e o letramento digital na educação de jovens e adultos.* 2008. Dissertação (Mestrado em mestrado Linguística Aplicada) – Universidade Estadual de Campinas, Coordenação de Aperfeiçoamento de Pessoal de Nível Superior. Orientador: Denise Bértoli Braga.

COLEÇÃO TRABALHANDO COM ... NA ESCOLA

A Coleção *Trabalhando com... na escola* tem como principal objetivo fornecer um material diversificado, atualizado e inovador para os professores do ensino fundamental e médio.

Iniciando-se com objetos de ensino de Língua Portuguesa, cada volume da coleção tem o objetivo de trabalhar com **temas, práticas e/ou objetos de ensino**, oferecendo sugestões metodológicas sobre como trabalhar com eles em sala de aula. As sugestões metodológicas devem ser suficientemente exemplificadoras para que o professor tenha acesso a uma proposta de trabalho que não se restrinja a apenas uma série e para que seja possível mostrar a complexidade inerente de cada tema/prática/objeto de ensino selecionado.

As **sugestões metodológicas** produzidas em cada volume constituem o "coração" da coleção, mas seus volumes também apresentam teorias e/ou conceitos de forma econômica e clara, com o objetivo de ilustrar como o trabalho prático na sala de aula não prescinde de conhecimento téorico e como o conhecimento teórico pode (e deve) iluminar e fomentar práticas didáticas concretas e cotidianas relativas às reflexões sobre a linguagem.

Outra característica da coleção é o pressuposto, que deve guiar todos os volumes, de que **o trabalho de construção do co-**

nhecimento sobre determinado tema/prática/objeto de ensino não pode prescindir de um trabalho com/sobre a linguagem. Nesse sentido, um ponto fundamental da coleção é a centralidade do trabalho com/sobre a linguagem no processo de formação de professores de todas as áreas.

O público-alvo dessa coleção são principalmente pedagogos, professores de língua portuguesa e de literatura, mas também todos os educadores e professores de outras áreas que reconhecem a importância de materiais que relacionem teoria e prática de modo significativo e que necessitem desenvolver nos alunos variadas competências e habilidades nos diferentes tempos e espaços de seu percurso de letramento nos diferentes níveis de ensino. Assim, pressupõe-se que os educadores de todas as áreas encontrem nos volumes da coleção:

a) Uma compreensão mais prática dos pressupostos teóricos presentes nos documentos oficiais que resultam das políticas públicas de ensino elaboradas pelo MEC e pelas Secretarias de Educação, nos níveis estadual e municipal.

b) Propostas e sugestões metodológicas elaboradas por especialistas em determinados temas e/ou objetos de estudo.

Acreditamos que a Coleção *Trabalhando com... na escola* está desenhada de forma a contribuir concretamente tanto para a contínua formação dos professores como para o estabelecimento de um diálogo mais próximo entre os saberes dos professores das universidades e os saberes dos professores de ensino fundamental e médio das escolas brasileiras.

Anna Christina Bentes
Coordenadora da Coleção
Trabalhando com... na escola

HIPERTEXTO NO COTIDIANO ESCOLAR
Luiz Fernando Gomes

**COLEÇÃO TRABALHANDO COM... NA ESCOLA
VOLUME 1**

1ª edição (2011)

168 páginas

ISBN 978-85-249-1834-6

Este livro traz uma revisão das origens do hipertexto, resgatando seus principais idealizadores, desenvolvedores e os vários momentos de sua história, mas também oferecendo uma visão crítica sobre sua trajetória até nossos dias. O livro propõe atividades de leitura e de produção escrita hipertextuais, partindo do que o difere dos textos impressos, ou seja, a presença dos links e o jogo retórico que eles instauram, tanto na construção dos caminhos de leitura, quanto na produção de sentidos. É um livro para ler e usar.

GÊNEROS JORNALÍSTICOS

notícias e cartas de leitor no ensino fundamental
Francisco Alves Filho

COLEÇÃO TRABALHANDO COM... NA ESCOLA
VOLUME 2

1ª edição (2011)

168 páginas

ISBN 978-85-249-1835-3

Este volume cumpre os seguintes objetivos: faz a divulgação científica das mais novas teorias de gêneros produzidas em várias partes do mundo, apresentando uma síntese dos principais conceitos. Propõe várias atividades didático-pedagógicas de leitura, análise e produção de textos com base na noção de gêneros. Centrando-se nos gêneros notícia e carta de leitor, orienta o professor a elaborar e aplicar atividades significativas e conectadas às necessidades comunicativas autênticas de crianças e jovens no mundo atual.

A EXPOSIÇÃO ORAL
nos anos iniciais do ensino fundamental
Sandoval Nonato Gomes-Santos

**COLEÇÃO TRABALHANDO COM... NA ESCOLA
VOLUME 3**

1ª edição (2011)

168 páginas

ISBN 978-85-249-1901-5

O livro explora os dois momentos do processo de produção de uma exposição oral: seu planejamento e sua realização. A apresentação de cada um deles é acompanhada por exemplos de exposições realizadas por diferentes alunos e por sugestões de atividades de ensino.

Sua leitura é um convite, ao professor de língua portuguesa e de outras disciplinas escolares, a uma conversa sobre os desafios de ensinar um gênero textual familiar, mas nem sempre bem conhecido, a exposição oral.